© 2020 Ulrich Vietmeyer

Verlag & Druck: tredition GmbH, Halenreie 40-44, 22359 Hamburg

ISBN
Paperback: 978-3-347-07431-6
Hardcover: 978-3-347-07432-3
e-Book: 978-3-347-07433-0

ULRICH VIETMEYER

MORAL
- aus dem Nichts?

Ein Essay

Für Johannes und Julius

Inhaltsverzeichnis

Einleitung

ALWAYS LOOK on THE BRiGHT SiGHT OF LiFE
COme on BRiAn CHEER UP

„Du kommst aus dem Nichts und wirst ins Nichts wieder zu-
rückgehen. Du verlierst also nichts." Selber am Kreuz zu hängen
und trotzdem so etwas zu den anderen Gekreuzigten zu sagen, ist
britischer Humor. Ebenfalls britischer Herkunft sind die Ideen, die
in dieser Aussage pointiert zusammengefasst wurden. Sie sind

120 Jahre älter. „Monty Python´s Life of Brian" erschien 1979, „On the Origin of Species" von Charles Darwin 1859.

Wohl jeder Mensch hat sich schon einmal Gedanken darüber gemacht, woher er stammt. Dass wir aus dem Nichts stammen, ist eine neue Betrachtungsweise, die uns nicht leichtfällt. Die Evolutionstheorie und „Das Leben des Brian" haben deswegen bis heute viele Kritiker. Einige fänden es gut, wenn es beide Werke nicht gäbe. Andere haben von ihnen immerhin gelernt, sich weniger wichtig zu nehmen. Aber zum Wohlfühlen reicht das nicht. Ein ganz erhebliches Unbehagen mit dem Nichts bleibt.

Soweit wir wissen, ist die Erde 4,6 Milliarden Jahre alt und 9,2 Milliarden Jahre nach dem Urknall entstanden. Was vor dem Urknall war und was sein Auslöser gewesen sein könnte, wissen wir nicht. Dort irgendwo in diesem Nichts beginnt alles. Die Erde wird, so der aktuelle Stand unserer Wissenschaft, in 900 Millionen bis zwei Milliarden Jahren für jegliches Leben unbewohnbar sein. In etwa sieben Milliarden Jahren wird aus unserer Sonne ein roter Riese werden, in den die Erde abstürzt und verglüht. Wenn unsere Nachkommen also bis dahin nicht irgendwie das Weite gesucht haben, dann stehen sie eines Tages vor dem Nichts. Im Lichte dieser von der Wissenschaft gesetzten Anfangs- und Endpunkte der Menschheit stellen sich auch die alten Fragen neu. Wenn wirklich alles nichts ist, in einem derzeit nicht vorstellbaren Nichts begann und in einem sehr warmen Nichts enden wird, durch diese Tatsachen letztlich also alles entwertet und infrage gestellt wird, relativiert sich noch viel mehr. Warum sollte ich mich dann als Mensch richtig verhalten und wie ist es mir dann überhaupt möglich, noch zwischen richtig und falsch zu unterscheiden?

Der Mensch als Art existiert seit etwa 300.000 Jahren. Erst seit etwa 160 Jahren haben wir die Evolutionstheorie und damit eine empirisch überprüfbare Entwicklungsgeschichte des Menschen. Charles Darwin und seine Zeitgenossen haben uns mit ihrer überaus akribischen Arbeit und wissenschaftlichen Sichtweise dazu gebracht, dass wir uns heute ganz nüchtern als Zufallsprodukte von zunächst physikalischen, dann chemischen und schließlich biologischen Entwicklungen verstehen. Darwin hat es gewagt, zu sagen, dass Mensch und Affen gemeinsame Vorfahren haben. Erst mit dieser Aussage wurde der Damm, den wir bis dahin zwischen dem Menschen und den anderen Lebewesen errichtet hatten, überspült. Es ist noch nicht lange her, dass wir neu erkannt haben, wer wir sind und wie wir wirklich entstanden sind. Selbst im Verhältnis zu der Zeitspanne der Geschichte im engeren Sinne, also den 6.000 Jahren, in denen menschliche Gedanken durch Schrift überliefert sind, sind die letzten 160 Jahre kaum mehr als ein kurzer Moment.

Vor der Entdeckung der Evolutionstheorie war es für uns leichter, zu entscheiden, was richtig ist und was man tun muss, um ein glückliches Leben zu führen, denn wir hatten einen Ursprungsmythos und damit eine Instanz, die die Welt und uns erschaffen hat. Diese ließ uns wissen, was wir tun können und was wir besser lassen sollten.

Diese Krücke, auf die wir uns zuvor stützen konnten, ist uns mit Darwins Erkenntnissen weggebrochen. Die Frage danach, wie ich mich richtig verhalte, damit ich glücklich werde und andere glücklich mache, muss heute anders beantwortet werden. Seit „On the Origin of Species" brauchen wir neue Lösungen.

Wissenschaftler graben in der Erde und lesen aus den Dingen, die sie dort finden, neue Geschichten, die zur Fortschreibung der

Geschichte dienen. Sie entdecken immer neue Lebewesen, die mit uns diesen Planeten bewohnen, und erklären uns diese schöne Welt und ihre Bewohner immer wieder neu. Sie isolieren und analysieren die DNA unserer Vorfahren und der anderen Lebewesen und gewinnen auch hieraus immer wieder neue Einsichten. Sie zerteilen und analysieren die Substanzen, aus denen dieser Planet besteht, in immer kleinere Einheiten. Mittlerweile wagen sie hieraus schon Rückschlüsse, wie die Erde und das sie umgebende Weltall entstanden sind. Die Geschwindigkeit, mit der die Wissenschaft ihr Buch der Erkenntnis fortschreibt, ist atemberaubend.

Die Beantwortung der Frage, wie wir uns als Individuen – beziehungsweise umfassender: als Gesellschaft und Menschheit – richtig verhalten, also die „Moral" im denkbar weitesten Sinne, geriet dabei ins Hintertreffen. Sie wurde reduziert auf die Empfehlung, man solle durch sein Verhalten immer deutlich machen, dass einem das Wohlergehen der Mitmenschen und der kommenden Generationen ebenso am Herzen liegt wie das eigene. Aber die Wissenschaft gibt keine Antwort darauf, was genau dieses Wohlergehen ausmacht. Sie kann uns Kannibalismus beschreiben und erklären, dass es Gesellschaften und Riten gab, die Kannibalismus für das menschliche Wohlergehen für zwingend notwendig erachtet haben. Sie kann uns zudem vielleicht noch sagen, dass Kannibalismus zu Ernährungszwecken in extremen Notlagen für das eigene Wohlergehen leider unvermeidlich ist. Aber sie kann uns niemals sagen, wann Kannibalismus richtig und wann er falsch ist.

Die Moralphilosophie war früher die Krone der Wissenschaft und das allumfassende Haus für die gesamte Forschung, denn Wissenschaft und Forschung dienten nur dazu, uns zu vermitteln, was richtig und was falsch ist. Früher war aber auch der Prozess des Erkennens anders. Die Erde, um die sich damals noch die Sonne drehte, war uns von Anfang an unveränderlich gegeben und neue Erkenntnis, auch in der Moralphilosophie, war nur das Entdecken des auf dieser Erde immer schon Dagewesenen. Dadurch, dass die Erde selbst ins Wanken geriet, weil sie zu einem unbedeutenden Planeten einer unbedeutenden Sonne in einer Galaxie mit einer Ausdehnung von 100.000 Lichtjahren in einem unendlichen Weltall wurde, relativierte sich auch das, was wir auf ihr noch entdecken können. Die Erde ist heute nicht mehr der Fixpunkt, von dem unser Erkennen, auch das Erkennen von richtig und falsch, ausgeht; vielmehr ist sie nur noch eine endliche Masse, auf der wir zufällig und gemeinsam mit vielen anderen Lebewesen aus wieder anderen Lebewesen entstanden sind und vermutlich auch wieder vergehen werden.

So wurde die Moralphilosophie zu einem Waisenkind. Der Gleichschritt, in dem Wissenschaft und Moral nebeneinander hergingen, wurde zu einem Stolpern, nachdem Astronomie und Anthropologie und inzwischen praktisch die gesamte moderne Wissenschaft die Bedeutung der Menschheit relativierten. Aus einem Faustkeil oder aus dem Jochbein eines Australopithecus lässt sich nun einmal nicht herauslesen, ob es die Todesstrafe geben sollte oder für welche Delikte diese angemessen wäre.

Über Jahrtausende hat jede menschliche Gesellschaft mit der Prämisse gelebt, dass eine göttliche Lehre, die uns die Entstehung der Welt erklärt und auf alle wichtigen Fragen des Menschen Auskunft gibt, natürlich auch sagen kann, welches Verhalten richtig und welches falsch ist. Mit Charles Darwin haben wir nun aber begonnen, uns selbst zu erklären, wie wir entstanden sind. Das hieraus resultierende Dilemma ist, dass wir auf einmal auch gezwungen sind, uns selbst erklären zu müssen, was richtig und was falsch ist. Die Menschheit sucht deswegen seit 160 Jahren nach neuen Handlungsanweisungen für ein richtiges Verhalten, nach einer neuen „Moral". Die Geschichte speziell dieser anderthalb Jahrhunderte zeigt uns leider, dass wir bei dieser Suche ziemlich viele und schreckliche Fehler gemacht haben.

Aber das darf kein Grund sein, zu resignieren oder in Zynismus zu verfallen. Der Mensch ist zunächst einmal, wie jedes andere Lebewesen auch, ein Produkt der Evolution. Somit ist *seine* Moral ein Ergebnis *seiner* Evolution. Man kann also Entwicklungen in unserer Moral als Ergebnisse unserer speziellen Entwicklungsgeschichte deuten. Es ist eine Tatsache, dass die Rechtmäßigkeit der Todesstrafe zu Zeiten von Charles Darwin kaum diskutiert wurde. Man hielt sie für richtig. Heute wird sie in immer mehr Gesellschaften auf diesem Planeten abgelehnt und abgeschafft. Insbesondere wird die Todesstrafe nur noch sehr selten öffentlich vollstreckt. China, das derzeit die Todesstrafe noch oft verhängt und vollzieht, zieht es inzwischen vor, dies heimlich zu tun und keine Zahlen zu nennen. Amnesty International bedauert die Situation in China, wurde dafür aber für den Rest der Welt in den letzten zehn Jahren optimistischer: Die Todesstrafe ist in Rechtsordnungen, in denen es sie noch gibt, für immer weniger Delikte vorgesehen und wird immer seltener vollzogen. Ähnlich ist es mit der Strafbarkeit von Homosexualität, die es in immer weniger Staaten gibt.

Da uns die Wissenschaft heute nicht mehr dazu dienen will, uns zu sagen, was moralisch richtig oder falsch ist, müssen wir anders an sie herantreten. Das kann so geschehen, dass wir die uns heute bekannten Erkenntnisse aus der Erdgeschichte und der Entstehungsgeschichte des Menschen dazu nutzen, uns auch die Entstehung unserer Moral zu erklären. Da die Entstehung von Moral in den menschlichen Gesellschaften ein Ergebnis der Erd- und unserer Entwicklungsgeschichte sein muss, ist das möglicherweise ein gewinnbringender Ansatz.

Weiter kann es sich lohnen, die geistesgeschichtliche Entstehung von Moralphilosophie und ihre Weiterentwicklung als Bestandteil der Entwicklungsgeschichte des Menschen zu betrachten und aus einer solchen Perspektive zu einem neuen Verständnis von Moral zu gelangen. Das soll in diesem kleinen Buch versucht werden.

1. Anthropozän

Wir stellen uns neuerdings ja gerne mal Außerirdische vor, denn wir wissen seit 1969, dass Menschen schon einmal auf dem Mond waren. Aber bereits viel früher wuchs unsere Unsicherheit mit unserem Wissen um die unendlichen Weiten des Weltraums. Schon im 18. Jahrhundert haben Wissenschaftler, unter anderem Immanuel Kant, herausgefunden, dass die „Nebel", die man mit einem Fernrohr sehen kann, tatsächlich sehr weit entfernte Galaxien sind. Das Weltall wurde damit wesentlich größer, als es der damaligen Vorstellung entsprach, und die Grenzen unserer Vorstellungskraft wurden so um Lichtjahre erweitert. Spätestens mit dieser Maßeinheit des Lichtjahrs, das tatsächlich ein Längenmaß für 9,461 Billionen Kilometer und keine Zeiteinheit ist, wird unsere Fantasie überfordert. Wozu sollten wir uns Orte vorstellen, zu denen schon das Licht ein Jahr braucht? Und was sollen wir dort – körperlich wie gedanklich –, wenn es mit hoher Wahrscheinlichkeit weder dort noch auf dem Weg dahin irgendein Leben gibt? Zwar entdecken unsere Astronomen inzwischen Planeten, die Leben beherbergen könnten. Aber die sind für uns derzeit unerreichbar und können deswegen nicht näher erforscht werden. Das Gefühl der Einsamkeit unseres Planeten bleibt uns trotz ständig neuer Entdeckungen erhalten. Es scheint sich sogar mit jeder neuen Entdeckung zu verstärken; und das Unwohlsein wegen des eingangs beschriebenen Nichts wird wegen der vielen Lichtjahre, die mögliche Nachbarn von uns weg sind, auch nicht kleiner.

Je größer das Weltall für die Menschen wurde, umso mehr quälte uns die Frage, ob wir tatsächlich allein in diesem unendlichen Raum sind. Es entstand die Sehnsucht danach, es müsse irgendwo da draußen auch noch Leben geben. Dieser Wunsch war der Vater des Gedankens, dass es Außerirdische gibt. Manche von uns glauben inzwischen fest an ihre Existenz. Über diese Ufo-Gläubigen lächeln wir zwar, aber man kann trotzdem gut mit ihnen mitfühlen: Es wäre nicht schlecht, wenn eines Tages Außerirdische die Probleme, die sich für diese Welt abzeichnen, für uns lösen würden.

Stellen wir uns nun ein Raumschiff mit typischen Außerirdischen vor, so, wie sie in vielen Kinofilmen dargestellt werden. Sie sind menschenähnlich und wollen den Weltraum erkunden. Dabei sind sie technisch wesentlich versierter, als wir es derzeit sind. Für sie stellen die Distanzen des Weltraums und die Zeit, die man braucht, um sie zu überwinden, kein Problem mehr dar. Stellen wir uns weiter vor, dass diese Außerirdischen selbst keine Evolution mehr durchlaufen, sondern seit Hunderttausenden von Jahren unverändert immer wieder dasselbe machen. Unseren Planeten umrunden sie alle einhundert Erdenjahre mehrmals auf der Höhe eines Reisejets und beobachten dabei, was auf der Erdoberfläche geschieht.

Sie konnten so vor 200 Millionen Jahren das Auseinanderbrechen Gondwanas, des Superkontinents der südlichen Hemisphäre, beobachten und feststellen, dass die Erde in dieser Zeit vor allem geologisch bemerkenswerte Veränderungen durchlaufen hat. Aber biologische Veränderungen waren aus der Reiseflughöhe mit bloßem Auge nicht zu bemerken: Das gilt selbst für einen über 30 Meter langen Dinosaurier, der vor 100 Millionen Jahren auf der Erde lebte, denn selbst der war für die Außerirdischen nicht zu erkennen. Aus dieser Höhe wahrnehmbare Veränderungen gab es nur bei der Vegetation: Die Erde war im Laufe ihrer Geschichte mal mehr und mal weniger grün.

Das Auftauchen der Vorfahren der Menschen änderte diese Wahrnehmung der Außerirdischen sicher nicht. Der Umstand, dass der Homo Habilis vor zwei Millionen Jahren die Fähigkeit entwickelte, selbst Feuer zu entfachen, war für die Menschheitsgeschichte zwar bahnbrechend, aber man konnte diese Feuer in

Reiseflughöhe nicht sehen. Dass sich vor 300.000 Jahren in Nordafrika eine Menschenaffenart Homo Sapiens bildete, die in der Folgezeit in mehreren Wellen die Welt besiedelte, war ebenfalls keine Veränderung, die man als Außerirdischer hätte wahrnehmen können.

Die Geschichte im engeren Sinne begann vor 6.000 Jahren. Städte wie Babylon oder das alte Rom zur Zeit von Christi Geburt konnte man sicher aus der Luft erkennen. Aber diese Veränderungen wären für die Außerirdischen auch noch nicht besonders interessant gewesen. In ihrer Wahrnehmung hätten sich hier Lebewesen eine größere Fläche der Erdoberfläche als zusammenhängenden Lebensraum erschlossen. Die Nadelwälder der Taiga bedecken heute noch riesige Flächen der Nordhalbkugel und werden aus einem Reisejet als das Territorium der Fichten, Kiefern, Tannen und Lärchen wahrgenommen. Die sogar aus zehn Kilometern Höhe noch sichtbare Bevölkerung größerer Flächen dieser Erde durch einzelne Lebensformen, wäre für die Außerirdischen keine wirklich neue Beobachtung gewesen. Das war in den Millionen Jahren davor auch schon der Fall. Es hätte sich auch in den weiteren Jahrhunderten der Geschichte im engeren Sinne nicht sehr geändert. Die Welt aus einer Höhe von zehn Kilometern stellte sich den Außerirdischen auch in den letzten 6.000 Jahren immer als ein Wechsel von unterschiedlicher Vegetation oder geologischer Formation dar. Bemerkenswerte Veränderungen der Erdoberfläche durch Tiere oder durch die Menschen gab es nicht.

Aber das, was quasi urplötzlich, nämlich im engen Zeitraum zwischen den letzten beiden Erdumrundungen mit einem Abstand von einhundert Jahren, wahrgenommen worden wäre, hätte wirklich Beachtung gefunden und diese auch verdient: Der Mensch hat das Antlitz der Erde in dieser Frist grundlegend neugestaltet. Die Revolutionierung von Landwirtschaft und Bergbau waren schon deswegen notwendig, um die explosionsartig ansteigende Weltbevölkerung mit Nahrung, Rohstoffen und Energie zu versorgen. Hinzu kommen die Industrialisierung und das Entstehen der modernen Verkehrswege und Metropolen, die große Flächen der Erde plötzlich in der Nacht zum Leuchten gebracht haben. In der bisherigen Erdgeschichte ist diese Entwicklung ohne Beispiel. Keine bisher auf diesem Planeten lebende Kreatur hat erreicht, dass sich die Erde auch aus einer kritischen Distanz von einigen Kilometern so sehr verändert hat, wie das die Menschheit in den letzten zwei Jahrhunderten geschafft hat. Bei ihrem letzten Anflug zu unserem Planeten hätten die hier erdachten Außerirdischen schon vor

Eintritt in die Atmosphäre darauf achten müssen, nicht mit Satelliten oder Weltraumschrott zu kollidieren. Wären sie dann auf ihrer Forschungshöhe von 10.000 Metern angekommen, hätten sie zahlreiche andere Flugzeuge bemerkt und wären von unseren Flugleitzentralen gebeten worden, mitzuteilen, wer sie eigentlich sind. Außerirdische, die so etwas beobachtet hätten, hätten unserem Planeten deswegen wahrscheinlich auch größere Beachtung geschenkt. Sie wären tiefer geflogen oder eventuell sogar gelandet, um sich uns einmal aus der Nähe anzuschauen.

Viele Menschen, die an Ufos glauben, berichten übereinstimmend, dass sie an Bord verschleppt und dort eingehend untersucht worden seien. Es gibt aber keine antiken oder mittelalterlichen Quellen, die Vergleichbares berichten: Zu dieser Zeit waren die Menschen für die Außerirdischen einfach noch nicht interessant genug. (Und vielleicht ist der Umstand, dass bisher immer nur die Ufo-Gläubigen untersucht wurden, auch der Grund dafür, dass man im Rest des Weltalls das Interesse an uns inzwischen wieder verloren hat.)

Wie dem auch sei, wir wissen alle, dass sich die Menschheit, wenn sie so weitermacht, in naher Zukunft selbst vernichten könnte und damit wieder vollständig von diesem Planeten und aus der Geschichte verschwinden würde. Doch selbst wenn das so käme, hätten wir diese Erde bis dahin schon in einer Art und Weise verändert, die kommende Forscher vor schwierige Rätsel stellen würde: Wenn ein Außerirdischer in 10.000 Jahren die zerstörten Reste von Mega-Metropolen, Autobahntunneln, Großflughäfen oder Atommüll-Endlagern als archäologische und geologische Phänomene erklären müsste, dann hätte er sicherlich Probleme, diese Relikte unseres Daseins vernünftig in den bisherigen Ablauf der Erdgeschichte einzufügen. Und wenn seine Erklärung dann richtigermaßen lauten würde, dass es vor 10.000 Jahren auf diesem Planeten einmal eine Lebensform gab, die diese Reste und Ruinen in und auf der Erde angelegt hat, dann wäre es für ihn naheliegend, diese Phase der Erdgeschichte nach eben dieser Lebensform zu benennen.

Sollte es so kommen, dann lebten wir heute im Zeitalter des Anthropozän. Genau so wurde bereits 1873 dieses Erdzeitalter von dem italienischen Geologen Antonio Stoppani beschrieben: als die Zeit, in der es die Menschheit unternahm, es mit den großen Gewalten der Natur aufzunehmen. Als damals dieser Vorschlag gemacht wurde, gleich ein ganzes Erdzeitalter nach den Menschen zu benennen, hielt man ihn noch für unangemessen. Erdzeitalter sind Zeiteinheiten von vielen Jahrmillionen. Verglichen mit solchen Zeitspannen ist der knappe Zeitraum, in dem es überhaupt Menschen der Art Homo Sapiens auf dieser Erde gibt, und die noch sehr viel kürzere Zeitspanne, in der dieser Homo Sapiens diese Welt wirklich spürbar verändert hat, eigentlich zu vernachlässigen.

Aber die Einstellung hierzu hat sich in letzter Zeit geändert, denn wir fragen uns mit immer größerer Sorge, was wir inzwischen aus unserem Planeten gemacht haben. Die Aussage, dass wir mittlerweile tatsächlich im Anthropozän leben, nehmen wir immer ernster. Mit ihr verstärkt sich zugleich unsere Befürchtung, dass es für uns und für diesen Planeten in Zukunft kritischer werden könnte.

Ob das tatsächlich alles richtig und eine angemessene Betrachtungsweise ist, wissen wir nicht, denn wir können nicht in die Zukunft schauen. Dass wir in einem überaus rasanten und schon deswegen wirklich erstaunlichen Erdzeitalter leben, ist offenkundig. Ob es eines Tages tatsächlich Anthropozän genannt werden wird, ist nicht so wichtig. Wichtig ist aber, in den nächsten Kapiteln der

Frage nachzugehen, wie es dazu kommen konnte, dass wir heute in einer Zeit leben, für die die Bezeichnung Anthropozän zumindest plausibel ist.

33

2. Die biologischen Grenzen

Im Zoo von Pjöngjang gibt es eine Schimpansin, die sich Ziga-
retten ansteckt und sie dann raucht. Dieses Tier war offensichtlich
zu lange in direktem Kontakt mit Menschen, denn es kann jetzt
etwas, was uns sehr irritiert: Es hat absichtlich ein Feuer entfacht

und läuft vor diesem Feuer nicht weg. Auch der Tiger im Zirkus springt durch einen brennenden Reifen. Sein Fluchtinstinkt, der Shir Khan im Dschungelbuch noch zum Verhängnis wurde, ist bei ihm durch Dressur unterdrückt. Von Tieren erwarten wir aber eigentlich, dass sie sich instinktiv in ihren Grenzen bewegen. Dazu gehört bei Schimpansen, dass sie Nichtraucher sind und es bleiben.

Die Evolutionstheorie beschreibt die Entstehung der Arten. Sie erklärt uns, wie Lebewesen neben anderen Lebewesen entstehen und wie sie wieder von diesem Planeten verdrängt werden und aussterben. Verdrängen ist etwas, das Räume verändert. Die Evolution zeigt uns auf, dass, wie und warum sich eine Art in einem Gebiet durchsetzt. Diese Lebensräume sind durch biologische Grenzen markiert. Es ist einleuchtend, dass ein Fisch auf dem Land keine Überlebenschance hat, ebenso wenig wie der Schmetterling im Wasser. Bestimmte Gebiete der Erdoberfläche scheiden für diese Tiere aus, sie können dort nicht überleben, sind da verloren. Deswegen verläuft für sie am Rande dieser Räume ihre biologische Grenze. Schön beobachten kann man das bei den Pflanzen an den Vegetationszonen im Hochgebirge oder beim Reisen durch mehrere Klimazonen. Weil es diese biologischen Grenzen gibt, wachsen in unseren Breiten keine Zitrusfrüchte und hier leben auch keine Elefanten in freier Wildbahn. Sie vermeiden schon instinktiv die kalten Winter bei uns. Und natürlich rauchen Tiere normalerweise auch nicht, sondern fliehen vor dem Feuer. Es muss nicht immer gleich die schmerzhafte Erfahrung des sich Verbrennens sein, die sie hierzu veranlasst. In der Regel ist es schon der Instinkt, der den Lebewesen sagt, wo ihre Grenzen sind.

Wenn die Population einer Art wächst, wenn die Nahrung knapper wird oder wenn sich Lebensräume verändern, entwickeln alle Lebewesen den Drang, die für sie bisher bestehenden biologischen Grenzen auszudehnen. Alles Leben reagiert auf geographische und klimatische Veränderungen durch Anpassungsleistungen. Pflanzen und Tiere erschließen sich so durch die Weiterentwicklung ihrer Arten neue Regionen zum Leben. Auch die Instinkte der Tiere verändern sich im Laufe der Zeit, denn dadurch eröffnen sich ebenfalls neue Chancen, andere Gegenden zu bevölkern. Es gibt lungenatmende Landtiere, beispielsweise Meeresschildkröten oder Robben, die den Wechsel zwischen Land und Wasser perfektioniert haben. Sie haben den abgrenzenden Instinkt, das lebensfeindliche Element zu meiden, völlig überwunden und leben gerade deswegen erfolgreich in beiden. Hingegen ist nicht damit zu rechnen, dass sich die einmalige Instinktüberwindung im Zoo von

Pjöngjang bei anderen Angehörigen dieser Art durchsetzen wird. Das Rauchen konnte sich aber in der Evolution der gesamten Menschheit durchsetzen, zumindest in dem Zeitraum von der Entdeckung Amerikas bis in die Mitte des vorigen Jahrhunderts.

Diese, manchmal sehr seltsamen, Vorgänge untersucht die Evolutionslehre und versucht, solche Entwicklungen zu erklären. Durch das Überschreiten biologischer Grenzen und die Anpassung an neue Gegebenheiten entstehen neue Rassen, hieraus neue Arten und so werden immer neue Möglichkeiten gefunden, diese Erde mit Leben zu erfüllen.

Tatsächlich ist die Erweiterung biologischer Grenzen für einzelne Lebensformen unterschiedlich aufwendig. Pflanzen haben den Nachteil, dass sie sich nicht fortbewegen können. Um sich räumlich weiterzuverbreiten werden deswegen interessante Wege gewählt. Wind und Wetter sind naheliegende Wege, das Überleben der Samen der eigenen Art im Verdauungstrakt von Tieren ist ein weniger naheliegender Weg. Aber auch ihn gibt es, sogar ziemlich häufig.

Tiere haben die Fähigkeit, sich auf der Erdoberfläche zu bewegen, und können so leichter ausprobieren, ob ein Überleben in Gegenden möglich ist, in denen es die eigene Art bisher nicht gab. Im Erfolgsfalle beschleunigt diese Fähigkeit eine rasante Ausbreitung von Arten in neuen Gebieten. 24 europäische Wildkaninchen wurden im Oktober 1859, einen Monat vor dem Erscheinen von „Die Entstehung der Arten", in Australien ausgesetzt. Diese Art hat den Kontinent in kurzer Zeit überrannt. Das Fehlen natürlicher Feinde, das Klima und die Geologie Australiens sowie die Vermehrungsfrequenz der Kaninchen, die sich daraus erklärt, dass normalerweise viele Individuen der Art von ihren natürlichen Feinden gefressen werden, führte zu dieser Entwicklung. Insbesondere die milden Winter, die es den Tieren ermöglichten, sich auch in dieser Zeit zu vermehren, waren fatal. Australien hat das Problem bis heute nicht im Griff.

Eine vergleichbare Geschwindigkeit entwickelte der Homo Sapiens bei der Besiedlung Amerikas. Nachdem er die Landbrücke der Beringia überschritten hatte, benötigte er nur wenige tausend Jahre, um den gesamten amerikanischen Kontinent von Alaska bis Feuerland als neuen Lebensraum zu erschließen. Er besiedelte dabei die unterschiedlichsten Klimazonen, den Dschungel ebenso wie Hochgebirge und Wüsten. Als Fleischesser ist er seinen Beutetieren hinterhergezogen und hat sich so in wenigen Generationen überall festgesetzt.

Das wiederum ist dem europäischen Wildkaninchen nicht gelungen. Es hat zwar Australien erobert, konnte sich aber in Nordamerika nicht ausbreiten, obwohl es auch dort ausgesetzt wurde.

Den Tieren und Pflanzen sind ihre biologischen Grenzen somit wesentlich enger gezogen als den Menschen. Veränderungen ihrer biologischen Grenzen, die wir tatsächlich im Laufe eines Menschenalters beobachten könnten, sind selten. Betrachtet man hingegen die Geschwindigkeit der Verbreitung des Menschen auf der Erde und die Dichte, mit der wir sie inzwischen bevölkern, sieht man für uns nur noch wenige biologische Grenzen. Vielmehr ziehen wir uns mittlerweile eine selbstgemachte biologische Grenze, nämlich die Überbevölkerung, speziell in den explosionsartig wachsenden und kaum noch zu verwaltenden Mega-Metropolen.

Natürlich kann auch heute kein Mensch unter Wasser oder im Weltraum leben. Auch die Luft oder das ewige Eis sind für ihn nicht wirklich bewohnbar, vor allem nicht ohne großen Aufwand und technische Hilfsmittel. Aber einzelne Menschen können sich dort für eine gewisse Zeitdauer aufhalten und überleben und für den Rest der Menschheit ist es auch gar nicht verwunderlich, dass Menschen immer wieder entsprechende Versuche unternehmen: Der Gipfel des Mount Everest und der Mond wurden vor allem deswegen betreten, weil sie da waren und durch ihre bloße Existenz die Neugier, Abenteuerlust und sicherlich auch den Ehrgeiz der Menschen, dorthin zu gelangen, anstachelten.

Dass das so ist, ist Teil unseres genetischen Programms. Das Überschreiten biologischer Grenzen ist etwas, was unser Menschsein geradezu ausmacht und uns von den anderen Lebewesen unterscheidet. Es ist für uns schon deswegen eine vertraute Vorstellung, weil es gerade in der Neuzeit ein wesentlicher Teil unseres Lebens geworden ist. In den ersten Jahrzehnten des vorigen Jahrhunderts ertranken pro Jahr etwa fünftausend Menschen in Deutschland und nur etwa drei Prozent der damaligen Bevölkerung konnte schwimmen. Heute ist das Wasser für jeden, der das möchte, kein lebensfeindliches Element mehr; und er kann, wenn er das möchte, beim Tauchen sogar Tiefen erreichen, die viele Seefische schon wegen der dort herrschenden Dunkelheit und Kälte meiden.

Der eher symbolische Schritt Neil Armstrongs auf den Mond gehört somit ebenso zum Drang des Menschen, biologische Grenzen zu überschreiten, wie das Erreichen Feuerlands in nur drei- bis viertausend Jahren, nachdem die Menschen von Sibirien nach Alaska gelangt waren. Für uns Menschen versteht es sich von selbst, dass wir – zumindest die Wagemutigen unter uns – alles daransetzen, solche Schritte machen zu können. Die Frage, warum das so ist, müssen wir noch beantworten.

Der Erfolg des europäischen Wildkaninchens in Australien lässt sich aus den Regeln erklären, die einen Monat, nachdem die ersten Tiere dieser Art dort ausgesetzt wurden, als Buch erschienen. Der Erfolg des Menschen bei der Eroberung unseres Planeten dürfte viel mehr und sehr unterschiedliche Gründe haben. Diese müssen wir in der speziellen Entwicklungsgeschichte unserer Art suchen.

Wichtig ist, dass wir diesen Drang haben. Er ist im Lichte der Evolution sinnvoll, denn die Neugier auf Orte, die Menschen vorher nicht betreten haben, ist die Voraussetzung dafür, solche Orte eines Tages vielleicht einmal dauerhaft zu besiedeln.

Die Erforschung der Fauna abgelegener Inseln und Kontinente war der Beginn der Evolutionstheorie. Die Tierwelten der Galapagosinseln, Madagaskars und Australiens haben sich wegen ihrer Insellagen isoliert entwickelt und sind deswegen bis heute für Evolutionsbiologen wichtige Forschungsgegenstände. Die Meere waren zunächst auch für den Menschen biologische Grenzen. Aber sie waren es nur, solange er keine Boote oder Schiffe hatte. Schon in der Steinzeit, vor 44.000 bis 50.000 Jahren, gelangte der Homo Sapiens mit Einbäumen oder Booten von Sunda nach Sahul, von der Landmasse Südostasiens auf die Landmasse Australiens und Neuguineas. Im Laufe der Geschichte im engeren Sinne wurden Leif Eriksson, Christoph Kolumbus und James Cook deswegen mit Denkmälern gewürdigt, weil sie „für uns" ins Ungewisse reisten und so diese biologischen Grenzen erneut überschritten und bis dahin unbekannte Welten entdeckten, wobei anzumerken ist, dass sie ja praktisch nirgendwo wirklich unbesiedeltes Land antrafen: Der Homo Sapiens war immer schon da. Denkmäler gibt es auch für Louis Mouillard, Otto Lilienthal und die Brüder Wright oder Juri Gagarin und Neil Armstrong. Ihre Vorstöße in die Luft und in den Weltraum haben für die Menschheit die Grenzen weiter verschoben.

Aber nicht nur die Entdeckung und Eroberung der Welt und des Weltraums war ein Überschreiten biologischer Grenzen. Jedes Leben endet irgendwann. Das Ansteigen des durchschnittlichen Lebensalters und das exponentielle Ansteigen der Weltbevölkerung indizieren, dass auch hier der Drang des Menschen, seine biologischen Grenzen zu überschreiten, erfolgreich war. Die Denkmäler für Ignaz Semmelweis, Louis Pasteur, Robert Koch und Alexander Fleming stehen ja auch schon. Und sie stehen vor allem deswegen, weil diese Mediziner und Wissenschaftler es geschafft haben, uns die wichtigen mikrobiologischen Zusammenhänge grundlegend neu zu erklären. Damit wurden Krankheit und Tod zwar nicht überwunden, aber sie wurden verständlicher. Seit den Fortschritten in der Medizin, die wir mit diesen Namen verknüpfen, begeben sich die Menschen auch wieder sehr viel lieber in die Behandlung von wissenschaftlich ausgebildeten Schulmedizinern. Es ist ja auch gut, dass die Ärzte heutzutage den Zeitpunkt des nächsten

Aderlasses nicht mehr vom Sternzeichen ihres Patienten abhängig machen.

Das Überwinden von biologischen Grenzen durch die Menschen erfolgte aber nicht in geradlinigen Entwicklungen, sondern auf gewundenen Wegen, mit vielen seltsamen Zufällen und in Echternacher Springprozessionen. Jede große neue Erkenntnis oder Entdeckung war ein Schritt nach vorne, danach folgten aber immer auch Schritte zurück. Die Menschen „vergaßen" besiedelte Kontinente für lange Zeit, beispielsweise Amerika und Australien; und deren Einwohner vergaßen, dass die Gattung „Homo" ursprünglich, jedenfalls nach dem derzeitigen Stand der Forschung, vom Turkana-See stammt.

Das Überwindenwollen biologischer Grenzen ist allen Lebewesen immanent. Aber die hier geschilderte Form der Überwindung gibt es nur in der besonderen Entwicklungsgeschichte des Menschen. Er, die Art Homo Sapiens, war derjenige, der seine biologischen Grenzen bisher am deutlichsten überwinden konnte. Wie es dazu gekommen sein könnte, wird in den kommenden Kapiteln dargestellt.

3. Leidenschaft nach Erkenntnis

HÄSCHENSCHULE

Lesen, Schreiben und Rechnen sind für uns Menschen sehr wichtig. Wir betrachten diese Fähigkeiten als ein herausragendes Gut und einen Wert an sich. Menschen, die sie sich angeeignet haben, sind stolz darauf. Wer keine Möglichkeit hat, sie zu erlernen, wird bedauert. Der Teil der Menschheit, der eine Schulbildung genossen hat, bemüht sich in der Regel auch darum, dass möglichst viele Menschen im ersten Drittel ihres Lebens ebenfalls eine Schulbildung erhalten.

Mit den Kulturtechniken des Lesens, Schreibens und Rechnens wurde zugleich die Fähigkeit geschaffen, Erfahrungen und Wissen dauerhaft festzuhalten und über größere Distanzen hinweg auszutauschen und zwar sowohl zeitlich als auch räumlich. Mit der Möglichkeit der Aufzeichnung von Gedanken und Wissen beginnt die Geschichte im engeren Sinne.

Im ersten Drittel des Lebens einen Teil des Wissens und der Erfahrungen der bisherigen Menschheit erworben zu haben, ist zudem Voraussetzung dafür, diesen Wissens- und Erfahrungsschatz im späteren Leben vermehren helfen zu können.

Der Arzt, der in der Lage ist, Krankheiten und Verletzungen zu heilen und Leben zu retten oder zu verlängern, ist in jeder Gesellschaft hoch angesehen. Dasselbe gilt für den kreativen Unternehmer, der mit guten Produkten eine erfolgreiche Firma aufgebaut und viele Arbeitsplätze geschaffen hat. Auch ein fähiger und integrer Politiker, der eine Gesellschaft erfolgreich führt, genießt ein hohes Ansehen. Solche Menschen werden als Stützen der Gesellschaft betrachtet und die Grundlage für die berechtigte Bewunderung, die ihnen entgegengebracht wird, sind Wissen und Erfahrung, deren Grundstock typischerweise eine solide Schulbildung ist. Damit soll nicht gesagt werden, dass nur derjenige, der über herausragende Bildungsabschlüsse verfügt, Ungewöhnliches zu leisten in der Lage ist. Fast noch mehr wird der bewundert, dem zwar das Fundament einer gründlichen Ausbildung versagt geblieben ist, der aber dennoch, allein aus seiner Erfahrung heraus, das Richtige gemacht hat: Der erste erfolgreiche Kaiserschnitt in der Medizingeschichte, den Kind und Mutter überlebt haben, wurde nicht etwa von einem studierten Wissenschaftler, sondern zu Beginn des 16. Jahrhunderts von einem Schweizer Schweinekastrierer namens Jacob Nufer durchgeführt. Seitdem bestand bei einer Kaiserschnittgeburt zumindest eine geringe Hoffnung auf Erfolg.

Natürlich führt die Leidenschaft nach Erkenntnis die Menschheit häufig auch in Sackgassen. Geradliniger Erkenntnisgewinn ist die ganz seltene Ausnahme. Vielmehr sind Umwege, Zufälle und Rückschritte die Regel. Wie im Kapitel zuvor dargestellt wurde, hat die mikrobiologische Revolution in der Medizin die biologische Grenze von Krankheit und Tod verschoben. Aber sie führte uns immer wieder auch auf Irrwege; und auch heute befinden wir uns auf vielen Gebieten der Wissenschaft mit Sicherheit auf Abwegen, über die nachfolgende Generationen nur den Kopf schütteln werden.

Hierzu ein einfaches Beispiel: Bald nachdem Biologen und Mediziner gelernt hatten, mit dem Anfang des 17. Jahrhunderts erfundenen Mikroskop gut umzugehen, wurden das Spermium und die Eizelle entdeckt. Schnell entwickelten sich aus diesen Entdeckungen neue Theorien, die erklären sollten, wie bei der Zeugung ein neuer Mensch entsteht. Bis dahin galt die Auffassung des Aristoteles, dass - vereinfacht gesagt - bei der Zeugung die „Form" vom Vater und der „Stoff" von der Mutter stamme, eine Betrachtung, die aus heutiger Sicht nicht völlig falsch war.

Mit der Entdeckung des Spermiums und der Begeisterung über diese Entdeckung entstand die Präformationslehre, die für zwei Jahrhunderte zur herrschenden Vorstellung von der Entstehung des Menschen wurde: Das Spermium enthalte einen „Homunculus", der sich in der Gebärmutter nur einniste. Somit stamme alles menschliche Leben vom Mann und selbst alle künftigen Generationen seien im Spermium schon präformiert. Der weibliche Organismus sei nur die Nahrungsgrundlage für den so entstandenen Embryo. (Es gab daneben auch noch „Ovisten", die das menschliche Leben allein in der weiblichen Eizelle präformiert sahen. Nach dieser Lehre löste das Spermium die Umwandlung der Eizelle in einen Embryo lediglich aus.)

Für die Menschen waren auf die Dauer beide Theorien nicht überzeugend, denn Kinder sehen nun einmal beiden Elternteilen ähnlich. Der Umstand, dass die medizinische Wissenschaft damals Behauptungen aufstellte, die ganz einfachen Beobachtungen widersprachen, führte dazu, dass die Menschheit für lange Zeit der Schulmedizin auch sonst eher misstraute. Ein Kranker fühlte sich ja auch meistens nicht besser, nachdem er zur Ader gelassen wurde. Hätte man damals nicht über „Homunculi" im Spermium fantasiert, sondern entdeckt, dass der Hygienestandard bei Entbindungen zumindest dem von Schweinekastrationen entsprechen sollte, dann wäre die Geburt schon viel früher ein weniger gefährliches Ereignis für Mutter und Kind geworden. Aber geradlinige Erkenntnis bleibt eben immer die Ausnahme.

Dabei muss einem bewusst sein, dass auch moderne wissenschaftliche Erkenntnis nicht davor schützen kann, gelegentlich ganz und gar falsch zu liegen. 1912 glaubten die damals führenden Anthropologen, dass in Piltdown, einem kleinen Dorf in Südengland, der Menschentyp gefunden worden sei, der das Verbindungsglied zwischen dem Affen und dem heutigen Menschen bildet. Der Piltdown-Mensch, hochtrabend als „Eoanthropus Dawsoni" bezeichnet, passte vielen europäischen Anthropologen nicht zuletzt deswegen in ihre Vorstellung von der Abstammung des Menschen, weil er „Europäer" war. Ganz besonders die Engländer waren 1912 darüber erfreut, denn die Franzosen hatten ja schon „ihren" Cro-Magnon-Menschen und die Deutschen „ihren" Neandertaler.

Die weitere Forschung ergab, dass sich dieses „Fossil" überhaupt nicht mit weiteren Entdeckungen und mit den Ergebnissen der fortschreitenden Forschung über die Evolution des Menschen in Einklang bringen ließ. Aber erst 1953 wurde er als dreiste Fälschung seines Namensgebers Charles Dawson enttarnt. Die Forschung hatte sich 40 Jahre lang an der Nase herumführen lassen.

Gerade solche Denkfehler wie die Präformationslehre und Grotesken wie der Piltdown-Mensch führen uns vor Augen, wie sehr sich die Menschen von allen anderen Lebensformen auf diesem Planeten unterscheiden. Das Überwinden von Irrtümern ist von fundamentaler Bedeutung, denn hieraus entsteht neue und bessere Erkenntnis. Der Piltdown-Mensch hat uns gelehrt, dass auch die moderne Wissenschaft schlimm irren kann, wenn die Erwartungen der Wissenschaftler nur am richtigen Ort zur richtigen Zeit erfüllt werden. Aber wir wissen heute dafür ganz sicher, *dass* es diesen Vormenschen nie gegeben hat. Zudem wissen wir heute nicht nur, *dass* die Präformationslehre falsch ist, sondern auch, *warum* sie falsch ist. Das ist doppelt gesicherter Erkenntnisgewinn.

Die Evolution hat uns also mit einer Leidenschaft für neue Erkenntnis infiziert, die uns zwar vor keiner noch so törichten Dummheit schützt, aber am Ende doch zu gesicherter neuer Erkenntnis führt. Es ist unser Ziel, auf den Schultern von Riesen zu stehen und, aufbauend auf deren Wissen und Erfahrung, während des eigenen Lebens die Erkenntnisse der Menschheit selbst weiter zu vermehren. Für Louis Armstrong ist es in der vierten Strophe von „What a Wonderful World" selbstverständlich, dass die Babys, die heute geboren werden, während ihres Lebens viel mehr lernen werden, als wir am Ende unseres Lebens wissen werden.

Jeder Mensch hat den Impuls, in seinem eigenen, vielleicht überaus eingeschränkten Fachgebiet voranzukommen. Schon Kindergartenkinder kopieren die Bewegungen und Handgriffe der Erwachsenen bis ins kleinste Detail. Sie unterziehen sich so einem eigenen, ihnen von den Erwachsenen gar nicht abverlangten „Drill", um sich neue Erfahrungen anzueignen. Dieses Erlernen des Lernens ist ein wichtiger Teil des genetischen Programms des Menschen. Es ist die Voraussetzung für erfolgreiches Erkennen, Forschen und Entdecken. Selbst einfachste funktionale Handwerkzeuge, beispielsweise Schaufeln oder Besen, sind von den Menschen immer wieder an neue Anforderungen angepasst und somit verbessert worden. Gerade bei langweiligen Arbeiten, die aber gemacht werden müssen, haben wir den Drang, uns mit neuen Erfindungen die Mühe zu erleichtern.

Im Lichte der Evolution ist das sinnvoll, denn institutionalisierte Forschung, Erfindungen und der kollektive Schatz vielfältiger Erfahrungen dienen der Menschheit. Das ist ein besonderes Ergebnis unserer Entwicklungsgeschichte, das uns sehr von anderen Lebewesen unterscheidet.

Diese Art der Wissensvermehrung und ihre institutionalisierte Vermittlung eröffnen uns zudem noch ganz andere Möglichkeiten. Mit diesem Ergebnis unseres evolutionären Prozesses haben wir uns ein eigenes und revolutionäres Programm geschaffen. Die überaus schnelle Weitergabe von Wissen durch die Sprache und die Mathematik ist etwas ganz anderes als eine evolutionäre Anpassung an die Umwelt, bei der man auf Mutationen im Erbgut wartet. Die revolutionäre Wissensmehrung in Zeitspannen von ganz wenigen Generationen wird zu einer weiteren Abkopplung der Entwicklungsgeschichte der Menschen von der evolutionären Entwicklung aller anderen Lebensformen auf diesem Planeten führen. Die Leidenschaft nach Erkenntnis, die zunächst nur ein Hilfsmittel für die bessere Durchsetzung des Menschen innerhalb der Evolution war, ist eine revolutionäre Entwicklung eigener Art geworden.

Ausgangspunkt der Evolutionslehre ist das Erbgut einzelner Lebewesen. Gene werden durch Fortpflanzung weitergegeben und verändern sich durch genetische Vermischung und Mutationen. So entstehen neue Arten. Das soeben geschilderte System der Wissensvermittlung und -vermehrung, die Leidenschaft des Menschen nach Erkenntnis, funktioniert anders. Für die Menschen ist es zwingend notwendig geworden, Wissen und Erfahrungen zu sammeln, zu vermehren und weiterzugeben. Dadurch, dass innerhalb der Menschheit die bestehenden und verbesserten Erkenntnisse auf eine völlig neue Art und Weise an die nächste Generation weitergegeben werden, hat sich die Menschheit ein eigenes und ganz neues, ein *nicht-evolutionäres* Erbgut geschaffen. Wie ein Erbe, das aus Sachwerten besteht, geben wir unser gesamtes Wissen von Generation zu Generation weiter. Neues Wissen und verbesserte Erfahrungen gehen heute nicht mehr verloren, wenn derjenige, der sie erworben hat, stirbt. Durch Sprache, Bilder und Unterrichtung der nachfolgenden Generationen werden sie weitergegeben. Und dieser weitervererbte Erfahrungsschatz verändert sich natürlich sehr viel schneller, als es die Gene jemals könnten. Der Mensch ist das einzige uns bisher bekannte Lebewesen, das sich ein System der Erkenntnisvermittlung durch die Generationen geschaffen hat und ihn insoweit von der Evolution unabhängig macht. Die „Häschenschule", in der kleine Hasen in die Schule gehen und Lesen und Rechnen lernen, gibt es dagegen nur im Kinderbuch. Sie war nicht der Grund für den evolutionären Erfolg des europäischen Wildkaninchens in Australien.

Deutlich wird nun auch, warum der Mensch einen solchen Drang hat, sein bisheriges Kulturschaffen zu erhalten und zu schützen. Das absichtliche Zerstören von Kulturdenkmälern erzeugt bei uns ein ähnliches Entsetzen wie Straftaten gegen Leib und Leben unserer Mitmenschen. Es beschädigt die Traditionslinie menschlicher Kulturleistungen und das gründliche Erforschen unserer Vergangenheit, das uns wiederum hilft, uns unserer selbst zu vergewissern und so einen Standpunkt zu gewinnen, von dem ausgehend wir die Zukunft gestalten können. Auch hier machen wir Fortschritte: Bilderstürme oder Bücherverbrennungen gelten heute nicht mehr als furioser Beginn neuer Zeitalter, sondern als barbarischer Rückfall in vorzivilisatorische Zeiten. Menschen oder Gesellschaften, die sich dieser Vergehen schuldig machen, werden allgemein verachtet. In China ist man sich heute, fünfzig Jahre nach der Kulturrevolution, einig, dass der damalige Versuch, alle überkommenen Traditionen einer der ältesten und bedeutendsten Kulturen der Weltgeschichte auszuradieren, in Theorie und Praxis ein großer Fehler war.

Heutzutage sehen wir es darüber hinaus als selbstverständlich an, andere Lebewesen – wenn möglich – nicht mehr zu verdrängen, sondern sie und ihre Lebensräume zu erhalten. Die Leidenschaft nach Erkenntnis hat, nachdem wir Darwins Theorie von der Evolution verstanden und in vielen Zweigen der Wissenschaft weiterentwickelt haben, sogar dazu geführt, unsere Mitbewohner auf diesem Planeten zumindest so sehr zu respektieren, dass wir durch Artenschutz für ein besseres Miteinander sorgen möchten. Mittlerweile haben wir zudem erkannt, dass das auch für uns selbst der bessere Weg ist.

Die Leidenschaft nach Erkenntnis eröffnet der Menschheit selbstverständlich nicht die Möglichkeit, sich genetisch irgendwie schneller anzupassen als andere Lebewesen auf der Erde. Aber sie beschleunigt ganz erheblich die Möglichkeit, sich auf dieser Erde an alle biologischen Grenzen als Lebewesen anzupassen und so gegenüber anderen Lebensformen zu behaupten, die auf die herkömmliche evolutionäre Anpassung angewiesen sind. Genau das macht sie zu einem revolutionären System in der Gesamtbetrachtung der Evolution. Diese revolutionäre Art und Weise der Erhaltung und Weitergabe von Wissen und die überaus schnelle Veränderung und Anpassung innerhalb ganz weniger Generationen hat es der Menschheit ermöglicht, das Antlitz dieser Erde so sehr zu prägen, dass wir von der gegenwärtigen Epoche der Erdgeschichte als Anthropozän sprechen können.

Hierin liegt ein ganz wesentlicher Unterschied zwischen den Menschen und den Tieren. Natürlich haben auch Tiere, vielleicht auch Pflanzen, die Fähigkeit, miteinander zu kommunizieren. Auch diese Lebewesen werden erworbene Erfahrungssätze austauschen und versuchen, diese an die nachfolgende Generation weiterzugeben. Aber über das eben skizzierte revolutionäre System verfügen sie nicht.

So lässt sich erklären, dass die hier zur Veranschaulichung erdachten Außerirdischen, die die Erde auf Reiseflughöhe mit einem Raumschiff umkreisen, erst seit etwa 200 Jahren stutzig geworden sind, was denn auf einmal auf diesem Planeten geschieht. Die Leidenschaft nach Erkenntnis, die ja auch den Willen zur Überschreitung möglichst aller bestehenden biologischen Grenzen bestärkt, ermöglichte der Menschheit eine rasante Entwicklung. Wohin diese uns führen wird, ist nicht vorhersagbar. Aber die Richtigkeit der Textzeile von Louis Armstrong, dass unsere Kinder eines Tages wesentlich mehr wissen werden, als wir selbst derzeit wissen, kann man nicht ernsthaft anzweifeln.

4. Der Wert des Lebens

KRATZMILBE

Der Mensch hat im Laufe seiner Entwicklungsgeschichte alles dafür getan, biologische Grenzen zu überschreiten. Zudem wurden wir von der Leidenschaft nach Erkenntnis infiziert. Die sich hochschaukelnde Wechselwirkung beider Phänomene ist das, was den Menschen von den anderen Lebewesen unterscheidet. Der aufrechte Gang, die Herstellung von Werkzeugen, die Zähmung des Feuers und die Sprache, also der klassische Vierklang dieses Unterschiedes, sind die wichtigsten Schritte vom Tier zum Menschen.

Aber die Geschichte der Entstehung des Menschen hat noch zu weiteren bemerkenswerten Ergebnissen geführt, die nachfolgend dargestellt werden. Auch für sie gilt, dass sie bei anderen Lebewesen auf diesem Planeten nicht vorkommen oder zumindest weit weniger ausgeprägt sind.

Als Erstes ist hier die inzwischen durchgesetzte moralische Erkenntnis zu nennen, dass jedes menschliche Leben schützenswert und unantastbar ist.

Die wichtigsten moralischen Lehren, die sich im Laufe der Entstehung der modernen Menschen und der Entwicklung von großen menschlichen Gesellschaften erfolgreich durchsetzen konnten, sind die Religionen, allerdings nur die Religionen, die wir heute als die großen Weltreligionen bezeichnen. Es gab im Laufe der Geschichte auch andere Religionen, beispielsweise solche, die Menschenopfer verlangten oder deren Götter sich ziemlich unanständig benahmen. Diese religiösen Praktiken und Mythen waren aber als Antwort auf die wichtigste Frage des Lebens, nämlich, wie man sich als Mensch und als Gesellschaft richtig verhält, letztlich nicht überzeugend. Deswegen sind diese Formen von „Moral" ausgestorben. Die Geschichte ist über sie hinweggegangen.

Die Weltreligionen haben im allgemeinen Bewusstsein den Grundsatz verankert, dass jedes menschliche Leben heilig ist. Hinduismus und Buddhismus haben sogar die Heiligkeit eines jeden Lebewesens festgeschrieben. Zu ähnlichen Ergebnissen kommen die abrahamitischen Religionen über ihre Schöpfungslehre, die besagt, dass Gott zu gehorchen ist, aber nur er über Leben und Tod entscheidet. Der Selbstmord eines Menschen ist deswegen eine schwere Sünde, weil er besagt, dass der Selbstmörder nicht an die Gnade und Güte Gottes glaubte. Gott verlangte von Abraham lediglich bedingungslosen Gehorsam, aber das Menschenopfer an Isaak wurde von ihm verhindert. Die Schöpfung, die Gott in Form des Lebens auf die Erde gebracht hat, ist deswegen besonders schützenswert und heilig, weil sie von Gott stammt. Da der

Mensch nicht Gott ist, kann und darf er hierüber nicht entscheiden. Da Gott jedes Leben geschaffen hat, ist jedes Leben heilig.

Aber bereits an dieser Stelle müssen wir Menschen schon wieder differenzieren: Das Bakterium, das mein Leben und das Leben meiner Mitmenschen beenden würde, ist nicht so heilig, dass ich es nicht bekämpfen dürfte. Selbst ein Veganer behandelt sich gegen Krätzmilben und Kopfläuse, wenn er welche hat, und tötet sie dabei ab. Die Frage, ob ein solches Töten von Leben problematisch sein könnte, stellt sich niemand. Die Tatsache, dass die meisten von uns sehr gerne Spargel essen, obwohl er gestochen wurde, bevor er das Licht dieser Welt erblickt hat, hinterfragen wir nicht. Äße man nicht zumindest Pflanzen, würde man verhungern. Aber es ist trotzdem kennzeichnend für den Menschen, dass wir hierüber engagiert diskutieren und hohe ethische Ansprüche an unser Verhalten stellen. Dass am Ende jeder von uns selbst entscheiden darf, was und wie er isst, hat damit zu tun, dass es keine „richtige" Lösung geben kann. Unser eigenes Leben kann nur auf Kosten von anderem Leben geführt werden. Gleichwohl entspricht es einer allgemeinen Übereinkunft, dass in Zweifelsfällen das Leben Vorrang hat und dass man keinem Leben grundlos Leid zufügen oder es beenden sollte. Es gibt keine Kultur, die es gutheißt, essbare Lebensmittel wegzuwerfen. Es gibt innerhalb der Menschheit die moralische Übereinkunft, dass wir uns im Zweifel – wenn möglich – für die Erhaltung jeden Lebens entscheiden.

Moralische Vorstellungen, nach denen unterschiedliche menschliche Leben als unterschiedlich wertvoll angesehen werden, konnten sich ebenfalls nicht durchsetzen. Moralvorstellungen, die vom Unwert eines bestimmten fremden Lebens ausgehen, gab und gibt es im Laufe der Evolution natürlich, aber sie sind kurzlebig und wenig überzeugend. Wir verachten Lehren, die andere Menschen deswegen beseitigen wollen, weil sie einer anderen Religion, Rasse oder einer anderen Volksgemeinschaft angehören. Völkermord, ethnische Säuberungen oder Verfolgung aus religiösen Gründen kommen zwar auch heute noch auf der Erde vor, aber sie werden von der gesamten Menschheit als unmoralisch empfunden. Die Täter, die so etwas machen, und die Prediger oder „Wissenschaftler", die so etwas rechtfertigen, werden strafrechtlich verfolgt, soweit die Weltgemeinschaft hierzu die Möglichkeit hat. Die Evolution hat uns heute über viele kleine Zwischenschritte zu einem Völkerrecht und sogar zu einem Völkerstrafrecht geführt, das solche Verhaltensweisen als unmoralisch erkennt und auch verfolgt.

Im Großen und Ganzen ist innerhalb der Menschheit die Unantastbarkeit des menschlichen Lebens heute anerkannt und hat sich in den weltumspannenden Moralvorstellungen durchgesetzt. Das merken wir Menschen insbesondere an den überaus schwierigen Debatten, die wir über die Abtreibung ungeborenen menschlichen Lebens oder die würdige Beendigung des Lebens führen. Wir diskutieren diese Fragen engagiert und ahnen dabei, dass wir wohl nie die in allen Fällen richtige Lösung finden werden. Schwierig ist es nämlich immer dann, wenn sich der Vorrang des Lebens gegen das Leben selbst stellt. Unlösbar sind Fälle, in denen der Schwerkranke nur noch ein Leben führen kann, das er in dieser Form nie führen wollte, oder wenn sich während der Schwangerschaft herausstellt, dass die Mutter die Geburt ihres Kindes nicht überleben wird. Unmenschlich ist es auch, der Frau, die vergewaltigt wurde, zu verbieten, das aus dem Verbrechen entstandene Kind abzutreiben, wenn sie das möchte.

Die unantastbare Heiligkeit jedes einzelnen menschlichen Lebens hat zur Folge, dass wir vor dem Gesetz gleich sind. Jeder

Mensch hat mit seinem Recht auf Leben ein gleiches und unveräußerliches Recht, dass ihn vor staatlicher Willkür schützt und den Staat verpflichtet, dieses Lebensrecht zu achten und zum Ausgangspunkt seiner staatlichen Handlungen zu machen. Da alle Menschen dieses Lebensrecht in gleicher Form haben, erkennen wir auch an, dass es keine Unterschiede mehr zwischen Menschen gibt und – vor allem - dass zwischen ihnen nicht mehr abgestuft werden kann. Die Sklaverei ist so gut wie abgeschafft. Karl Marx hat zwar aufgezeigt, dass brachiale Formen der Lohnarbeit, die es auch heutzutage noch viel zu oft gibt, aus guten Gründen mit Sklaverei gleichzusetzen sind. Aber eine deutliche Grenze wurde inzwischen gleichwohl gezogen: Wir empfinden es mittlerweile als unmoralisch, einen Menschen als Eigentum eines anderen Menschen anzusehen oder auch nur so zu bezeichnen.

Zudem gibt es auf der Erde nur noch sehr wenige Rechtsordnungen, die eine rassische Diskriminierung oder eine ethnische Ausgrenzung einzelner Bevölkerungsgruppen innerhalb bestehender Staaten legitimieren. Die meisten Gesellschaften dieser Welt bemühen sich vielmehr darum, faktisch bestehende rassistische und diskriminierende Vorbehalte innerhalb ihrer Gesellschaften abzubauen. Das geschieht mit unterschiedlicher Geschwindigkeit und Intensität, aber es geschieht. Die USA haben sehr darauf gedrängt, dass Südafrika die Apartheid abschafft, und schließlich hatte Südafrika dann vor den USA seinen ersten dunkelhäutigen Präsidenten.

Auch in einem anderen wichtigen Bereich sind deutliche Fortschritte zu verzeichnen: Praktisch jede Gesellschaft ist mit der Idee der Gleichberechtigung der Frau vertraut und erkennt ihre Berechtigung mehr und mehr an. Zudem macht jede Gesellschaft Schritte in diese Richtung. Natürlich gibt es Gesellschaften, in denen erst vor kurzer Zeit das aktive oder passive Wahlrecht für Frauen oder das Recht, zu studieren oder den Führerschein zu erwerben, eingeführt wurde. Bilkis - die Königin von Saba, Elizabeth I. von England, Katharina die Große oder Maria Theresia waren Frauen, die als Monarchinnen große Gesellschaften beherrscht haben, obwohl dort die Emanzipation der Frau überhaupt kein Thema war. Es gibt inzwischen viele Staaten, in denen Frauen Staatsoberhäupter waren oder sind, weil sie demokratisch gewählt wurden. Betrachtet man allerdings diese gesellschaftliche Entwicklung nüchtern und aus der Perspektive eines nur geringfügig größeren Zeitfensters, dann muss man relativieren: 1859, als Darwins „On the Origin of

Species" erschien – ein Zeitpunkt, der gesamtgeschichtlich betrachtet noch nicht lange her ist –, gab es an genau zwei Orten auf dieser Welt ein Frauenwahlrecht. Das waren die Kronkolonie Pitcairn im Südpazifik und die Stadt Velez in Kolumbien. Zuvor hatten von 1776 bis 1807 auch Frauen im Staate New Jersey das Wahlrecht, allerdings nur, wenn sie vermögend und verwitwet waren, und dieses Recht war ihnen 1807 auch schon wieder genommen worden. Anstatt also heute herablassend auf Gesellschaften zu schauen, die bei der Gleichberechtigung der Frau etwas hinterherhinken, wäre es angemessener, das Positive hervorzuheben und anzuerkennen, dass auch dort jetzt eine Entwicklung beginnt, die erst vor gar nicht langer Zeit als richtig erkannt wurde.

All diese Entwicklungen lassen sich, gerade weil sie typisch menschliche Phänomene sind, als Ergebnisse der besonderen Entwicklungsgeschichte des Menschen erklären. Natürlich benötigt man viele gedankliche Zwischenschritte, um von der Entstehung von Homo Sapiens vor 300.000 Jahren zur Emanzipation der Frau zu gelangen. Sicherlich ist die Emanzipation der Frau auch nicht auf eine Veränderung des menschlichen Erbguts, sondern auf die besonderen menschlichen Evolutionsstrategien, insbesondere die Leidenschaft des Menschen nach Erkenntnis, zurückzuführen.

Aber unverkennbar ist, dass die Entwicklungsgeschichte der Menschheit insgesamt auf das Verhalten zuläuft, das wir heute als moralisch richtig empfinden. Diese Bewegung hin zu unserer heutigen Moral begann bereits mit der Entstehung unserer Art und ist in der Geschichte der Menschheit durch unseren Expansionsdrang und die Leidenschaft nach Erkenntnis schnell vorangeschritten. Evolution endet nicht mit der Entstehung einer Art. Sie setzt sich in der Entwicklungsgeschichte dieser Art fort. Der Mensch ist nicht etwa schon mit dem aufrechten Gang oder der Beherrschung des Feuers zu dem geworden, was er heute ist. Dazu bedurfte es noch vieler weiterer Zwischenschritte.

Seit der Entdeckung der Evolution durch Charles Darwin und der Fortführung seiner Theorie in praktisch allen modernen Wissenschaften gab es immer wieder Versuche, das Überleben des Stärkeren oder die Entstehung der Arten in sozialdarwinistische oder rassistische Lehren umzuschreiben. Aber das wurde im Laufe der Zeit vom weit überwiegenden Teil der Menschheit als falsch und zutiefst unmoralisch empfunden. Es ist auch falsch, über die Evolution zu behaupten, sie sei irgendwann mit der Entstehung einer neuen Rasse beendet und ab diesem Zeitpunkt habe der Stärkere das Recht, den Schwächeren zu unterdrücken. Noch absurder ist es, aus ihr für die Menschheit die Überlegenheit irgendwelcher Rassen des Homo Sapiens – wenn es solche gäbe – zu schlussfolgern. Denn wenn es sich so verhielte, dann hätte sich ja im Laufe der Menschheitsgeschichte irgendein vermeintlich „stärkerer" Menschentypus durchgesetzt und hätte andere Menschen verdrängt. Genau diese Sichtweise, die man beispielsweise im Kolonialismus noch fand, gibt es heute nicht mehr. Sie ist unmoralisch und konnte sich deswegen nicht durchsetzen. Rassismus als Ergebnis der Lehren Darwins basiert also – wohlwollend formuliert – auf einem Missverständnis.

5. Liebe und Sexualität

Sexualität ist für die Evolution aller komplexeren Lebewesen sinnvoll. Die sexuelle Vermehrung hat sich im Laufe der Erdgeschichte zeitlich nach der asexuellen Vermehrung entwickelt und ist insgesamt evolutionär erfolgreicher, denn die Aufteilung der Chromosomen erfolgt bei ihr zufällig. Die Gene der Eltern werden in einer Vielzahl von Kombinationen immer wieder völlig neu durchmischt und an die Nachkommen weitergegeben. Geschwister oder Eltern von mehreren Kindern, selbst von eineiigen Zwillingen, wissen das aus eigener Erfahrung. Zudem trägt ein Individuum, das durch sexuelle Vermehrung entstanden ist, zwei Gene desselben Typs, aber unterschiedlicher Herkunft. Eine nachteilige Mutation in einem Gen muss sich nicht unbedingt auswirken, da die Chance besteht, dass das andere Gen die Funktion ersetzt. Durch die sexuelle Vermehrung entstehen so schon nach einer Generation wieder völlig unterschiedliche Lebewesen, die neu angepasste Individuen im Sinne der Evolutionstheorie sind und dabei mehr oder weniger erfolgreich sein können. Wenn sie erfolgreicher sind, geben sie ihre Gene in die nächste Generation weiter. So erzeugt die Sexualität eine schnellere Anpassungsrate. Gerade bei komplizierteren Lebensformen, die einen höheren Selektionsdruck haben, ist das für die Evolution von Vorteil.

Leidenschaftsloser kann man ein Kapitel, das sich eigentlich mit der Liebe beschäftigen soll, wohl nicht einleiten, aber der vorherige Absatz ist auch nur eine Prämisse für das Folgende.

Hätten wir die Liebe nicht, dann wäre unser Dasein arm. Mit dem Begriff der Liebe hat sich der Mensch im Laufe seiner Entwicklungsgeschichte ein ganz neues Leitbild und eine prägende Idee geschaffen. Die zielgerichtete Leidenschaft der Liebe kann praktisch jede andere Kraft im Menschen aushebeln. Sie setzt in uns Energien frei, die stärker wirken als unser Verstand. Wir wissen, dass wir vor Liebe blind sein können, und wir entschuldigen Menschen, die aus Liebe falsch gehandelt haben.

Die Liebe ist eine sehr unbestimmte und unscharfe Idee, aber es gibt diesen Begriff in jeder Sprache der Erde und jeder Mensch hat eine Vorstellung von ihr, denn jeder Mensch hat sie schon einmal gespürt. Wir verstehen unter Liebe zunächst einmal die körperliche Vereinigung von Mann und Frau als die eingangs dargestellte Notwendigkeit zur sexuellen Fortpflanzung und daher nötige Strategie unserer Evolution. Aber auch die Liebe zwischen Eltern und Kindern, die Nächstenliebe in ihren zahlreichen Facetten oder die Liebe zu Gott werden von dieser Idee mit abgedeckt. Sie wird so zu etwas „Seelischem", zu tiefer Verbundenheit und innigem Miteinander der Menschen; und so wurde sie auch zum Grundstein der wichtigen Moralvorstellungen.

Sie wirkt in uns so stark, dass sie in uns feste Überzeugungen verankert. Wir wissen, dass die Herrscher, die Kinder ihren Eltern wegnehmen oder über die Leichen von Romeo und Julia steigen, den Schritt in die falsche Richtung machen. Diese Überzeugung wird von allen Menschen geteilt, sie wurde deswegen zur Grundlage jeder erfolgreichen Moral auf dieser Erde.

Die Liebe zu einem anderen Menschen treibt uns dazu, uns zu vermehren. Vom Klonen eines Menschen, also der unveränderten Weitergabe bestehenden Erbguts an ein neues Lebewesen, sollte man insbesondere auch deswegen absehen, weil man damit ein wichtiges Gesetz unserer Evolution missachten würde. Wir können und wir sollten uns auch gar nicht anders vermehren als in der sexuellen Vereinigung. Es ist für den einzelnen Menschen und für die Entwicklung des Menschen sinnvoll, ein sexuelles und liebendes Wesen zu sein und zu bleiben und den Strategien der sexuellen Vermehrung zu folgen. Im Verlauf unserer Geschichte können wir eine zunehmende „Sexualisierung" vieler Gesellschaften feststellen. Sehr wahrscheinlich resultiert diese Entwicklung daraus, dass sexuelle Vermehrung gut für unsere Weiterentwicklung ist.

Es gibt unterschiedliche Ethnien. Innerhalb der Menschheit gibt es afrikanische, asiatische, indianische und europäische Ethnien und Vermischungen hiervon. Aus diesen Ethnien sind keine eigenen Arten geworden. Vielmehr haben sich unsere Sexualität und die Liebe während der Evolution so weiterentwickelt, dass sich die Schönheitsideale und der damit verbundene Wunsch, sich mit einem Gegenüber zu paaren und zu vermehren, gerade nicht an Ethnien orientieren. Jemand, der uns erklärt, er könne sich überhaupt nicht, auch nicht bei den seltsamsten Wendungen seines Schicksals, vorstellen, ein Mitglied einer anderen Ethnie zu heiraten, gilt als beschränkt; denn die Erfahrung lehrt, dass das individuelle Schicksal eines jeden Menschen immer wieder Wege gehen kann, die solche Aussagen widerlegen. Das gehört mit zu der Vorstellung von Liebe, an die wir alle glauben.

Diese Idee ist auch sehr alt, viel älter, als man auf den ersten Blick glaubt. Gemeint sind damit nicht etwa Pocahontas und Captain Smith oder Kleopatra und Cäsar. Schon unsere Vorfahren vor 20.000 Jahren haben nach einer zumindest ähnlichen Idee der Liebe gelebt. Die Anthropologie ging vor einigen Jahrzehnten noch davon aus, dass unterschiedliche Arten von Frühmenschen existiert hätten, zwischen denen es, legt man die alte Definition von Art zugrunde, keinerlei genetische Durchmischung gegeben habe. Seit es die Wissenschaft der Paläogenetik gibt und das Genom des Neandertalers sequenziert und erforscht werden konnte, wissen wir, dass auch das Erbgut des Neandertalers und anderer Frühmenschenarten, beispielsweise des Denisova-Menschen, gleichwohl zur Evolution des Menschen beigetragen hat. Auch der Neandertaler war für unsere Vorfahren also attraktiv genug, um sich mit ihm zu paaren. Es war folglich immer schon ein wichtiger Aspekt menschlicher Sexualität, sich lieber mit großer Toleranz in die Breite zu entwickeln, als sich rassistisch einengend hochzüchten zu wollen.

Das gilt bis heute. So hat die Genetik inzwischen auch herausgearbeitet, dass alle Menschen enger miteinander verwandt sind als alle Schimpansen untereinander. Ein grönländischer Inuit ist mit einem australischen Aborigine und mit allen – derzeit – 7,7 Milliarden Menschen genetisch enger verwandt, als es die 300.000 Schimpansen in Mittelafrika miteinander sind.

Auch das ist im Lichte der Evolution sinnvoll, denn bei einer geschlechtlichen Vermehrung, die breit angelegt – über Ethnien hinweg – erfolgt, ist die Möglichkeit, sich in wenigen Generationen erfolgreicher weiterzuentwickeln, bei weitem aussichtsreicher als bei enger oder engster Beschränkung der Partnerwahl. Die biologische Grenze eines besonders eingeschränkten Schönheitsideals (oder eines dumpfen Rassismus) und die daraus resultierende Verhinderung von Durchmischung konnten sich nicht durchsetzen. Die altägyptische Vorstellung, dass das Heiraten und Sich-Vermehren mit den eigenen Töchtern (beispielsweise heiratete Ramses der Große drei seiner Töchter und hatte mit ihnen mehrere Kinder) deswegen eine gute Idee sei, weil dann „göttlichere" Menschen entstünden, war ganz sicher ein Irrtum. Das zeigen die sogenannten Zwischenzeiten, die nach großen Dynastien im alten Ägypten folgten. Unter den normalen Menschen Altägyptens war der Inzest sinnvollerweise ein Tabu. Heute ist er in allen Rechtsordnungen und Moralvorstellungen verboten und der tiefere Grund hierfür liegt bis heute darin, dass Inzest für die evolutionäre Entwicklung des Menschen nachteilig ist.

Ohnehin stand die Menschheit im Verlauf ihrer Geschichte jeder Form von „Züchtung" von Menschen und ähnlichen Kopfgeburten außerordentlich skeptisch gegenüber. Das liegt daran, dass die Idee der Liebe eine freie Wahl des Sexual- und Lebenspartners verlangt. Natürlich ist die heute in den offenen Gesellschaften gelebte völlige Freiheit bei der Partnerwahl, so, wie sie dort rechtlich und sozial praktisch schrankenlos gewährleistet wird, ein Ergebnis moderner Entwicklungen. Aber die Idee, dass nur Menschen, die eine tiefe Zuneigung verbindet, dauerhaft, am besten verheiratet, als Paar zusammenleben sollten, ist so alt wie die Menschheit selbst. Jede Form von Züchtung, aus welchen Gründen auch immer, widerspricht dieser Idee. Darum wurden Lehren oder Gesellschaften, die diese Freiheit nicht duldeten, immer als falsch und grausam angesehen. Selbst in Kulturen, in denen die Freiheit der Partnerwahl kein Selbstverständnis war oder bis heute nicht ist, ist gleichwohl das Liebespaar, das genau diese gesellschaftlichen Schranken „aus Liebe" überwindet, das Ideal. Man darf sagen, wir lieben die Vorstellung, dass die Versuche scheitern, die Liebe zwischen zwei Menschen zu verbieten oder zu verhindern. Hier kommt dann eben auch unsere Abneigung gegenüber der Vorstellung zum Ausdruck, Menschen aus irgendeinem Grund oder in irgendeiner Form zwangsweise miteinander zu vereinen. Der Erfolg der Menschheit insgesamt, der uns immerhin in das Zeitalter des Anthropozän geführt hat, zeigt, dass wir hier den richtigen Weg eingeschlagen haben.

Die Liebe, so, wie wir sie kennen und wie sie zur Grundlage der erfolgreichen Moralvorstellungen der Menschheit wurde, hat noch weitere Facetten. Die Rede des Aristophanes in Platons „Gastmahl" erzählt uns, dass Mann und Frau einmal eine Einheit waren, aber durch einen schlecht gelaunten Zeus voneinander getrennt wurden. Jeder von uns habe nun die leidvolle Aufgabe, das eine passende Gegenstück, von dem wir getrennt wurden, wiederzufinden. Aristophanes war ein Komödiendichter und seine Lobrede darauf, was die wahre Liebe sein soll, war damals wohl eher als ein Witz gemeint. Im Laufe der vergangenen zwei Jahrtausende ist aus diesem witzigen Einfall eine ganz ernst gemeinte Vorstellung geworden, ein Kernstück unserer Idee der Liebe: Wir sollen auf dieser Erde genau die eine große Liebe suchen und finden. Das ist heute das idealisierte Leitbild, das sich inzwischen in unterschiedlicher Ausprägung in allen Kulturen durchgesetzt hat. Die Suche nach der einen großen Liebe treibt die Menschen an, die sie noch nicht gefunden haben, und bestärkt die, die meinen, sie gefunden zu haben. Es ist die Idee, die heute die meisten Menschen von der Liebe haben und die für einen sehr großen Teil der Menschheit das wichtigste Motiv für richtiges Handeln – für Moral – darstellt. Wir finden sie tagtäglich überall. Nofretete und Echnaton, Thisbe und Pyramus, Chadidscha und Mohammed sind unsere historischen Vorbilder und das Taj Mahal beschreibt ihre Unerschütterlichkeit in Stein. Liebespaare lassen sich gemeinsam vor ihm fotografieren, ebenso wie die verlassene Prinzessin Diana allein. Die Menschen folgen an solchen Orten immer derselben Idee der Suche nach dem einzig passenden Gegenstück, denn Shah Jahan und Mumtaz Mahal, deren Grabmal das Taj Mahal ist, gelten als das Menschenpaar, das sich zu Lebzeiten tatsächlich wiedergefunden hat.

Die Monogamie ist die Schlussfolgerung aus dem zuvor Gesagten. Tatsächlich enden Märchen und Liebesfilme immer mit dem Zusammenfinden des Paares, das sich gesucht hat, und mit dessen Hochzeit und nicht mit einer großen Orgie. Im Laufe der Evolution hat sich das so durchgesetzt. Es scheint auch deswegen richtig zu sein, weil genauso viele Männer wie Frauen geboren werden. Bei Zwergflusspferden ist das anders. Dort produzieren die Männchen mehr x- als y-Spermien, vermutlich, um den Selektionsdruck der Männchen untereinander zu reduzieren und trotzdem die Art zu erhalten. Aber bei den Menschen ist das nicht so. Männer der Oberschicht in unterschiedlichen Gesellschaften und zu allen Zeiten – Pharaonen, chinesische Kaiser, Sultane und Hugh Hefner – haben für sich diese Regel durchbrochen und sich einen Harem zugelegt. Aber die dahinterstehende Vorstellung, ein Mann solle allein deshalb ein Anrecht auf mehrere Frauen gleichzeitig haben, weil er besonders mächtig oder sehr erfolgreich ist, ist letztlich nicht der Weg, den die Menschheit in ihrer Geschichte eingeschlagen hat. Vielmehr ist es der viel langweiligere Allgemeinplatz, dass es zu jedem Topf einen – aber eben auch nur einen – Deckel gibt. „Playboy Mansion" blieb die Ausnahme und wurde nicht zur Regel. Auch die Playmates haben es irgendwann verlassen, sich einen Ehemann gesucht und eine Familie gegründet. Denn es ist sinnvoller, dass ein Paar, das sexuell zusammengefunden hat, auch zusammenbleibt, weitere – höchst unterschiedliche – Nachkommen in die Welt setzt und diese zusammen großzieht. Natürlich gab und gibt es auch andere Modelle, aber die waren immer die Ausnahme und blieben sie bis heute. König Salomon hatte, so steht es im ersten Buch der Könige, Kapitel 11, Vers 3, einen Harem mit 1.000 Frauen. Aber für das Volk Israel galt weiterhin das 5. Buch Mose, Kapitel 17, Vers 17, also die Monogamie.

Neben dem sexuellen Empfinden der Menschen gibt es noch ganz andere Kräfte, die wir als Liebe verstehen. Sie haben nichts mit sexueller Anziehung, Partnerwahl und Vermehrung zu tun. Gemeint ist die Idee der seelischen Liebe, die insbesondere auch unsere Moralvorstellungen prägt und leitet. Diese Idee der Liebe ist es, die wir als das Menschliche charakterisieren und die unsere

Vorstellung von Liebe ebenso bestimmt wie die Liebesbeziehung von Mann und Frau. Wir finden sie beispielsweise im ersten Brief des Paulus an die Korinther im 13. Kapitel. Hätten wir diese Liebe nicht, wäre, so Paulus, alles in unserem Leben sinnlos. Man kann es auch mit dem Refrain von „Long Train Running" der Doobie Brothers sagen: „Without love – where would you be now?"

Auch von dieser Art der Liebe kennt die Menschheit viele Varianten. Zum Wesen der Weltreligionen gehören Ordensgemeinschaften, die sich der Gottes- und Nächstenliebe widmen. Hier hat die Geschichte der Menschheit in zahlreichen Kulturen parallele Entwicklungen hervorgebracht, die wir als sinnvoll akzeptieren. Solche Orden wenden sich denjenigen Menschen zu, um die sich sonst niemand kümmert. Nonnen und Mönche bleiben selbst bewusst unverheiratet und kinderlos, um der Gemeinschaft dort zu dienen, wo sie an den Rändern ausfranst. Sie widmen ihr Leben der Armen- und Waisenfürsorge, der Schulbildung und der Seelsorge. Sie haben zudem eine besondere Form der Leidenschaft nach Erkenntnis entwickelt, eine leidenschaftliche meditative Gottesschau, die offensichtlich nicht nur ihnen selbst, sondern auch anderen Menschen zu innerem Frieden verhilft.

Sicherlich ist diese Konzeption der Gottesliebe in Ordensge-meinschaften auf den ersten Blick für die Weiterentwicklung der Menschheit nicht sinnvoll. Würden alle Menschen plötzlich be-schließen, kinderlos zu bleiben und ins Kloster zu gehen, würde Homo Sapiens innerhalb einer Generation aussterben. Aber es ist für uns insgesamt und für unsere Evolution eben doch sinnvoll, wenn manche Menschen beschließen, ihren Mitmenschen in be-sonderen Formen der Nächstenliebe zu dienen und auf diesem Wege die Menschheit insgesamt weiter voranzubringen. Die von ihnen mit Leben und Liebe erfüllten Institutionen, die dafür sor-gen, dass weniger Menschen auf der Strecke bleiben, empfinden wir als wertvoll und richtig.

Offensichtlich sinnvoll für die Evolution des Menschen ist auch die Homosexualität. Sie war – und ist auch noch – in den Moral-vorstellungen vieler Gesellschaften geächtet und in manchen Rechtsordnungen bis heute strafbar. Eigentlich hätte sie angesichts dieses jahrtausendelangen Drucks aussterben müssen, nicht zu-letzt, weil die gleichgeschlechtliche Liebe ja keine Reproduktion ermöglicht. Sie ist aber nicht ausgestorben, sondern immer ein Teil der Menschheit geblieben. Auch bei ihr liegt zunächst die Vermu-tung nahe, dass sie, ähnlich wie die Gottesliebe der Nonnen und

Mönche, für unsere Weiterentwicklung nicht sinnvoll ist: Würde – wenn man sich das „aussuchen" könnte – jeder von uns seine sexuelle Orientierung hin zur konsequent gelebten Homosexualität wechseln, würde die Menschheit auch wieder innerhalb einer Generation aussterben. Aber die Menschheit erkennt auch hier zunehmend, dass es sinnlos ist, Homosexualität zu verbieten oder gar zu bekämpfen. Diese wäre längst ausgestorben, wenn sie für die erfolgreiche Weiterentwicklung menschlicher Gesellschaften nicht gut wäre. Sie ist aber immer, zu jeder Zeit und in allen Gesellschaften, ein Bestandteil der Menschheit geblieben, vermutlich, weil sie dem wichtigen Zweck dient, dass die Menschen lernen, untereinander Toleranz zu üben und das Privatleben anderer zu respektieren. Homogenität aller Individuen einer Art ist für die Weiterentwicklung einer Art weniger sinnvoll, das gilt offensichtlich auch bei der sexuellen Orientierung. Inzwischen erkennt die Menschheit zunehmend an, dass aus der Unantastbarkeit eines jeden einzelnen menschlichen Lebens somit auch die Berechtigung zu individueller Sexualität folgt. Diese wird, solange sie Dritten nicht schadet, inzwischen in vielen Ländern staatlich toleriert und in immer mehr Ländern sogar sinnvoll rechtlich ausgestaltet und der monogamen heterosexuellen Ehe gleichgestellt.

Das ist aber selbst in den aufgeklärtesten und tolerantesten Staaten noch gar nicht lange der Fall. Noch bis weit ins letzte Jahrhundert war Homosexualität praktisch überall auf der Erde strafbar. Der Erkenntniswechsel innerhalb der Gesellschaften resultiert in diesem Falle wahrscheinlich auch weniger aus einer neuen Toleranz, die sich evolutionär entwickelt haben könnte, denn dann hätte dieser Paradigmenwechsel schon viel früher stattgefunden. Der Grund für diese spezielle Entwicklung dürfte vielmehr in der allgemeinen Durchsetzung der rechtstaatlichen Erkenntnis der Unantastbarkeit des Individuums und der pragmatischen politischen Einsicht liegen, dass eine Strafbarkeit von Homosexualität nichts bewirkt und nur sinnlos staatliche Ressourcen vergeudet.

Beim Thema der Homosexualität sollte man, wie auch bei der Gleichberechtigung der Frau, nicht in westliche Überheblichkeit verfallen: Selbstverständlich hinken in dieser Hinsicht noch viele Staaten anderer Kulturkreise hinterher. Aber wenn man das Zeitfenster der Betrachtung nur geringfügig verschiebt, relativiert sich dieser aus heutiger Sicht berechtigte Eindruck sehr schnell.

Heterosexuelle Polygamie oder auch nur Bigamie haben sich im Laufe der Evolution in den einzelnen Gesellschaften auf diesem

Planeten weitaus weniger erfolgreich durchsetzen können als die Monogamie, die Homosexualität oder andere besondere Formen der Liebe, beispielsweise die mönchische Gottesliebe. Die Menschheit hat also offensichtlich im Laufe ihrer Evolution erkannt, dass vielfältige Varianten der Liebe in unterschiedlichen Formen, aber eben unter dem Leitbild der heterosexuellen Monogamie, für den evolutionären Erfolg der Menschheit, für das Überschreiten der biologischen Grenzen und für neuen Erkenntnisgewinn wesentlich zukunftsträchtiger sind als die Beschränkung auf Heterosexualität oder Varianten von Polygamie. Dadurch werden Playboy Mansion, der Berg Athos oder das Stonewall Inn nicht zu falschen Konzepten, aber eben auch nicht zu den einzig richtigen. Die Idee der Liebe und ihre Verwirklichung in vielen Formen ist das, was wir heute als richtig erkennen und akzeptieren.

Mit der Liebe hat sich der Mensch im Laufe seiner Evolution einem Leitbild verschrieben, das, ähnlich wie die Leidenschaft nach Erkenntnis, starke individuelle Kräfte freisetzen kann. Gerade auch diese Kräfte führten uns ins Zeitalter des Anthropozän. Erst die Liebe hat uns zu den Lebewesen gemacht, die eine so ausdifferenzierte Moral entwickeln konnten, dass wir heute in der

Lage sind, aus ihr heraus zwischen richtig und falsch zu entscheiden.

6. Kunst

Die Leidenschaft nach Erkenntnis bescherte uns den Spiegel. In ruhenden Wasserflächen konnte sich der Mensch immer schon sehen. Wasserstellen waren daher sicherlich die ersten Möglichkeiten, sich selbst zu erkennen und sich zu kontrollieren. Als die Menschen lernten, Metall zu bearbeiten, fertigten sie Metallspiegel an. Plinius der Ältere, der bei dem Vesuvausbruch starb, der Pompeji im Jahre 79 n. Chr. verschüttete, beschrieb bereits Spiegel aus Glas.

Aus dem Drang, ständig Grenzen auszutesten und zu überschreiten, entwickelten wir innerhalb unseres revolutionären Systems der Wissensvermehrung auch die Fähigkeit, uns durch Selbstbetrachtung neu zu verstehen. Schon vor 40.000 Jahren – 10.000 Jahre, bevor der Neandertaler ausstarb – gab es bei unseren Vorfahren den Wunsch, ein eigenes Abbild zu hinterlassen. Die Handkonturen unserer Vorfahren finden wir heute noch an den Wänden der Höhlen, die sie bewohnt und ausgemalt haben.

Der einzelne Mensch erkennt im Laufe seines Lebens, dass dieses enden wird und dass eines Tages auch die Spuren, die er während seiner Existenz auf diesem Planeten hinterlassen hat, verschwinden werden. Aus dieser für uns unabwendbaren Tatsache entspringen Wünsche und Ideen, die unser Leben prägen. Der Wunsch nach Unsterblichkeit ist sehr alt. Schon der nach heutiger Kenntnis früheste Prosatext der Menschheit, das Gilgamesch-

Epos, schildert, wie der Mensch versucht, diesem Schicksal zu entkommen. Die Frühmenschen, die ihre Handabdrücke an den Höhlenwänden „verewigten", haben Spuren ihrer Existenz über einen beachtlichen Zeitraum hinterlassen.

Eine andere Idee ist die, in den Nachkommen weiterzuleben. Das ist ein Ansatz, der die Evolutionslehre gewissermaßen vorwegnahm, lange bevor Charles Darwin die Theorie hierzu entwarf. Auch sie finden wir schon im Gilgamesch-Epos. Diese Idee wird verkörpert von „dem, der sieben Söhne zeugte" und für den das Totenreich kein Schrecken darstellt. „Als ein jüngerer Bruder der Götter sitzt er neben ihnen auf dem Stuhl" und leidet nicht wie die anderen Toten. So wird es Gilgamesch dort von Enkidu berichtet. „Der, der sieben Söhne zeugte", empfindet weder Schmerz noch Angst, weil er weiß, dass seine sieben Söhne mit ihren Familien weiterleben. Die Tatsache, dass er in diesen Familien weiterlebt, macht ihn gegen die Schrecken des Totenreichs immun.

Das ist kreativ, ähnlich kreativ wie die Handabdrücke an den Höhlenwänden, ändert aber letztlich die grausame Tatsache nicht, dass jedes Individuum eines Tages völlig von dieser Erde verschwinden wird.

Der Mensch erkannte im Laufe seiner Evolution schmerzlich die örtliche und zeitliche Begrenztheit seines Daseins. Hank Williams besang das mit den Worten: „No matter how I struggle and strive, I'll never get out of this world alive." Diese triste Gewissheit ist die einzig sichere Erkenntnis, die uns durch unser ganzes Leben begleitet. Würde aber die Agonie tatsächlich mit unserer Geburt beginnen, würde sich das Leben nicht lohnen.

Der menschliche Verstand hat hierfür einen Ausweg gefunden. Das Ansammeln neuer Erkenntnisse, das Erforschen dieser Welt und das Verbessern unserer Lebensumstände macht uns Spaß; denn wir nutzen unsere Erkenntnisse und Erfahrungen nicht nur dazu, die Welt zu verstehen, zu erforschen und zu bevölkern, sondern auch dazu, mit unseren Gedanken und Erfahrungen zu spielen. Aus diesem Spiel entstehen immer neue Ideen, manche sind wichtig, viele sind sinn- und wertlos. Die meisten dieser Spielereien sind auch nur von kurzer Dauer. Wir empfinden manches als ewig richtig und zeitlos schön, vieles aber auch nur vorübergehend als erhellend und angenehm. Es ist die sich immer wandelnde Idee der Schönheit, die uns hilft, mit Freude durchs Leben zu gehen und nicht ständig an der Begrenztheit unserer Existenz zu verzweifeln.

Auch die Schönheit ist, ähnlich wie die Liebe, ein sehr unscharfer Begriff, den es aber auch wieder in jeder Sprache der Welt gibt.

Die Idee der Schönheit ist etwas, was uns Menschen von den anderen Lebewesen unterscheidet. Sie ist ein besonderes Produkt speziell unserer Geschichte. Unsere Vorfahren entwickelten diese Idee, indem sie sich eine Geisteswelt erschufen, zunächst einmal eine Geister- und Götterwelt. Da sie für viele Dinge, die sie täglich erlebten, keine Erklärungen hatten, wurden Beobachtungen der Himmelskörper oder des Wetters mythisch gedeutet: Für Sonne und Mond oder Blitz und Donner wurde eine Götterwelt erfunden. In dieser Welt konnten sie, beispielsweise durch Opfergaben an die Götter, Einfluss auf ihr Schicksal nehmen. Das war noch zu Beginn der Neuzeit so: Am 2. Juli 1505, 354 Jahre vor „On the Origin of Species", gelobte der bei Stotternheim in ein schlimmes Unwetter geratene Martin Luther, Mönch zu werden, wenn Gott ihm das Leben rette.

Um sich selbst und anderen die Welt zu erklären, entwickelten die Menschen Mythen und Geschichten, die sie besangen und nachspielten, und schufen Abbilder der Götter, die sie verehrten und verherrlichten. So entstanden Literatur, Musik, bildende und darstellende Kunst. Man bemerkte schnell, dass jedes menschliche Individuum unterschiedliche Fähigkeiten und Vorlieben bei der künstlerischen Gestaltung oder Darstellung hat. Die ästhetischen Empfindungen der Menschen wurden dabei durch die Zeiten unterschiedlich angesprochen. Wir empfinden bis heute einzelne Werke der Kunst, aber auch die Moden, Geschmäcker und Schönheitsideale einzelner Epochen, als mehr oder weniger schön. Durch die Jahrhunderte und über die Kontinente hinweg wechselten Kleidung, Haar- und Bartfrisuren, Musik, Architektur und Kochkunst.

Neben dem durch die Generationen und Nationen wechselnden und wandernden Geschmack entstand der individuelle Geschmack, der wiederum die Wahrnehmung unserer Individualität verstärkte. Die menschliche Idee der Schönheit hat so die Kunst geschaffen und diese wiederum hat das Individuum hervorgebracht. Eben dieses Individuum in all seinen Facetten ist heute das, was in den Mittelpunkt der Moralvorstellungen der Menschheit gerückt ist.

Ähnlich wie bei der Idee der Liebe müssen wir auch bei der Idee der Schönheit bis in die Neuzeit gehen, um die wichtigsten Schritte der Menschheit hin zur heutigen Individualität beobachten zu können. Zunächst diente die Kunst nur dem Mythos. Zwar kannte auch die Antike schon die „Superstars". Phidias, der Bildhauer, der die Zeusstatue in Olympia schuf, war ein solcher. Über ihn gibt es die Legende, dass er ein Abbild seiner selbst anfertigte und sich deshalb wegen Gotteslästerung verantworten musste. Aber das geschah, wenn es tatsächlich wahr ist, als ein Einzelfall. In der Malerei und im Dombau des Mittelalters finden sich ähnliche Beispiele von Künstlern, die sich selbst an diskretem Ort zu verewigen suchten.

Die wirkliche Revolution auf dem Weg zur Herausbildung der Individualität waren die Selbstbildnisse in der Malerei der Renaissance und dort war es insbesondere Albrecht Dürer, der Unerhörtes schuf. Schon im Alter von 13 Jahren hatte er genug Selbstbewusstsein, sich mit Hilfe eines Spiegels selbst zu porträtieren. Das Münchner Selbstbildnis im Pelzrock war dann zugleich Christusbild und Selbstporträt und brachte so zum Ausdruck, dass Gott den Menschen nach seinem Ebenbild geschaffen hat. Die Heiligkeit des menschlichen Lebens wurde mit der Heiligkeit Gottes gleichgesetzt und so zum Gegenstand der Kunst. Das Individuum war geboren. Die Person des Künstlers rückte in den Fokus: Hatte der

Höhlenmensch zwar *seine*, aber für den Betrachter nur *eine* Hand abgebildet, so hat Dürer tatsächlich sich selbst dargestellt und sein Gegenüber so mit seiner Individualität konfrontiert.

Mit diesem Schritt war der Weg in die Moderne vorgezeichnet, denn jeder Künstler hatte nun die Möglichkeit, sein Gegenüber mit in *seine* Welt zu nehmen. Allerdings muss es eben auch Menschen geben, die diesen Weg mit ihm mitgehen, die seiner Idee der Schönheit tatsächlich folgen. Der Superstar war damit genauso entstanden wie das verkannte Genie.

Die Idee der Schönheit hat eben diese Schattenseite: Es ist unsere Enttäuschung, wenn wir feststellen müssen, dass unsere Mitmenschen anders empfinden und Dinge, die wir mögen, nicht als schön empfinden. Das Bewusstsein meiner Besonderheit führt dann zu einem Gefühl der Einsamkeit. Heute gibt es deswegen viele Menschen, die sich unverstanden fühlen, sich von ihren Mitmenschen abgrenzen und unglücklich werden. Die, die sich selber als Lebenskünstler bezeichnen, sind häufig die Menschen, die kein besonders glückliches Leben führen.

Albrecht Dürer hat sein Rhinozeros, seinen Hasen und die betenden Hände schon zu Lebzeiten gut verkauft und konnte ein schönes Leben mit Bildungsreisen führen. Vincent van Gogh hingegen steht für die Einsamkeit der von ihrer Mitwelt Unverstandenen.

7. Die Freiheit des Andersdenkenden

Im vierten Kapitel ist dargestellt worden, dass die buddhistische Religion die Heiligkeit jedes Lebens auf dieser Welt schützt. Ihr gelingt das durch den Glauben an die Wiedergeburt. Buddhisten werden zu einer ganz besonderen Achtsamkeit gegenüber der Schöpfung erzogen, da sie in der Überzeugung leben, als ein anderes Lebewesen wiedergeboren zu werden.

Gottfried Wilhelm Leibniz ist Anfang des 18. Jahrhunderts in Hannover gestorben. Eine seiner bekanntesten Aussagen war die, dass wir in der besten aller möglichen Welten leben. Diese schöne Vorstellung wurde so populär, dass sie Voltaire in seinem Roman „Candide ou l'optimisme" (1759) parodierte. Da wir Menschen grundsätzlich darin übereingekommen sind, dass es sowieso nur eine Welt gibt, könnte man mit der gleichen Plausibilität behaupten, dass wir in der schlechtesten aller möglichen Welten leben. Aber diese Aussage ist weniger schön. Deswegen gefällt es Künstlern und Philosophen besser, von der besten aller möglichen Welten auszugehen. Immer wieder schreiben sie noch heute den Gedanken Leibniz´ dahingehend fort, dass wir uns, wenn wir schon hier sind, zumindest so verhalten *sollten*, als wäre diese Welt die beste aller möglichen. Kris Kristofferson besang 1970 die „Best of all possible worlds" und schlug vor, dass wir es auch heute noch versuchen, diese Welt als die bestmögliche zu betrachten und zu behandeln.

Leibniz entdeckte darüber hinaus, dass sich Rechenprozesse viel einfacher mit einer binären Zahlencodierung durchführen lassen. Auf diesem Wege kann man die Prinzipien der Mathematik mit den Prinzipien der Logik verknüpfen. Wenn er diese Entdeckung nicht gemacht hätte, gäbe es heute keine Computer und kein Internet. Man kann also ohne Übertreibung sagen, dass Leibniz' Leidenschaft nach Erkenntnis die Menschheit in vielen Gebieten nach vorne gebracht hat. Aber Leibniz war auch ein überzeugter Vertreter der Präformationslehre. In diesem Punkt war er, da sind wir uns heute sicher, im Irrtum.

Stellen wir uns einmal vor, dass Leibniz vor einigen Jahren wiedergeboren worden wäre – nicht als ein neues Lebewesen, sondern als Gottfried Wilhelm Leibniz, so, wie er damals mit seinem Bildungsstand gestorben ist. Er würde sich freuen und wäre stolz darauf, dass seine Entdeckung der binären Codierung einer der ganz wesentlichen Motoren unseres heutigen Fortschritts ist. Vielleicht hätte er auch mit Kris Kristofferson kurz die Urheberrechte abgeklärt und dann seine Philosophie fortgeschrieben, basierend auf Kristoffersons weiterer Erkenntnis „freedom is just another word for nothing left to loose".

Entscheidend jedoch ist, dass er die Präformationslehre sofort verworfen hätte. Er wäre in den Biologieunterricht einer neunten

Klasse gegangen, hätte sich die Mendel`schen Regeln erklären lassen und am nächsten Tag in einem Bio-Leistungskurs erfahren, was die DNA ist und wie die Weitergabe des Erbguts aller Lebewesen tatsächlich funktioniert. Damit hätte er begriffen, dass er in seinem früheren Leben falsch lag. Leibniz würde also heute einfach nur von der Freiheit des Andersdenkens Gebrauch machen und die Präformationslehre als einen großen Irrtum verwerfen. Mehr würde aber auch nicht geschehen. Eine kurze, überzeugende und naturwissenschaftlich fundierte Erklärung hätte ihm ausgereicht, um sein bisheriges Weltbild in einem wichtigen Punkt zu korrigieren.

Jeder Mensch hat genau diese Freiheit. Sie ist die Freiheit der besseren eigenen Erkenntnis, die Freiheit, sonst nichts mehr verlieren zu können, denn falsche Erkenntnis ist nichts wert. Die Leidenschaft nach Erkenntnis führt uns dahin, dass es uns nicht schmerzt, wenn wir mit besseren Argumenten widerlegt werden. Zumindest sollte uns das nicht schmerzen. Es wäre sehr töricht, hierauf zu verzichten. Über einen Sachverhalt anders zu denken, als man zuvor gedacht hat, ist ein Zeichen von Bildung und Willensstärke und gerade kein Zeichen intellektueller Schwäche. Es ist eine unserer größten Stärken, denn das Andersdenken verlangt von uns, etwas Neues als besser zu erkennen.

Die Freiheit des Andersdenkenden ist die Konsequenz des Andersdenkens. Sie ist eine zwischenmenschlich wirkende Kraft, die die soeben beschriebene Freiheit des Andersdenkens benötigt, aber weiter geht und noch mehr von uns verlangt. Aus der im vierten Kapitel beschriebenen Heiligkeit eines jeden menschlichen Lebens, die uns dazu zwingt, die Individualität unseres Gegenübers zu akzeptieren, ist im Laufe unserer Evolution die Toleranz entstanden. Freiheit und Toleranz sind unkompliziert, wenn alle im Großen und Ganzen einer Meinung sind, von den gleichen Tatsachen ausgehen und das Gleiche wollen. Sie wird aber anspruchsvoll, zu einer „übersteigerten Toleranz", wenn aus dem Erkennen der Individualität des Mitmenschen die Einsicht erwächst, dass ohne die Freiheit meines Gegenübers auch meine Freiheit nicht möglich ist. Rosa Luxemburg hat diese wichtigste Bedingung der Freiheit in ihrem berühmten Satz „Freiheit ist immer Freiheit der Andersdenkenden" auf den Punkt gebracht. „Nicht", so heißt es bei ihr weiter, „wegen des Fanatismus der Gerechtigkeit, sondern weil all das Belebende, Heilsame und Reinigende der politischen

Freiheit an diesem Wesen hängt und seine Wirkung versagt, wenn die Freiheit zum Privilegium wird."

Das Belebende, Heilsame und Reinigende der Freiheit des Andersdenkenden, von der Rosa Luxemburg spricht, geht in dem Augenblick verloren, in dem die politische Freiheit des Rechtsstaats zum Lippenbekenntnis wird. Deutlich wird das an Politikern, die sich die Freiheit nehmen, es ihren Wählern zu versprechen, einen politischen Gegner nach einem Wahlsieg nur deswegen ins Gefängnis zu sperren, weil er der politische Gegner ist. Auch Menschen, die meinen, es sei klug und ein Zeichen von intellektueller Stärke, bei einer einmal eingenommenen Sichtweise zu bleiben und auch dann noch auf dieser beharren, wenn sie widerlegt sind, sind mit Vorsicht zu genießen. Damit wird aus der Freiheit des Andersdenkenden wieder nur eine privilegierte „Freiheit, die ich meine". Ein solches Verständnis von Freiheit ist ein bloßer Popanz. Es hat mit einer offenen Gesellschaft nichts zu tun.

Belebend, heilsam und reinigend sind alle Freiheiten, die es uns erst ermöglichen, anders zu denken. Zunächst einmal war da die Wissenschaftsfreiheit. Am 22. Juni 1633, also 226 Jahre vor „On the Origin of Species", fand in unmittelbarer Nähe des Pantheons in Rom, in der Basilika Santa Maria Sopra Minerva, der Prozess gegen Galileo Galilei statt. Hätte er in diesem Verfahren das heliozentrische Weltbild nicht geleugnet, wäre er auf dem Scheiterhaufen verbrannt worden. Neue Ansichten über die Natur zu entwickeln, die das von den herrschenden Mächten vertretene Weltbild erschütterten, stand damals noch unter Strafe. Die Wissenschaftsfreiheit ist ein spätes Produkt unserer Leidenschaft nach Erkenntnis.

Sie wurde der Motor dafür, auch die abweichende Meinung, die für eine erfolgreiche Wissenschaft ja notwendig ist, und natürlich auch die Verbreitung derselben zu tolerieren und als Grund- und Menschenrecht unter staatlichen und überstaatlichen Schutz zu stellen. Die Glaubens-, Meinungs- und Pressefreiheit werden heute als wichtige Errungenschaften der Zivilisation verstanden. Auch hier war es die Leidenschaft nach Erkenntnis, also die Erfolgsstrategie der speziellen menschlichen Entwicklung, die dazu geführt hat, diese Freiheiten als für uns wesentlich zu erkennen.

Es wäre wünschenswert, die Freiheit des Andersdenkenden in der heutigen politischen Kultur und im Parlamentarismus mit einem Gedanken Voltaires, der ihm von Evelyn Beatrice Hall in den

Mund gelegt wurde, zu erneuern: Bei der Vereidigung eines Parlaments werden immer zwei Parlamentarier aus unterschiedlichen Fraktionen durch Los zusammengeführt. Diese haben sich die Hand zu geben, sich in die Augen zu schauen und sich wechselseitig zu versprechen: „Ich missbillige, was Sie sagen, aber ich werde bis zum Tod Ihr Recht verteidigen, es zu sagen". Mit einem solchen Schwur ließe sich der rechtsstaatliche Parlamentarismus deutlich beleben.

8. Der Mensch im Spiegel

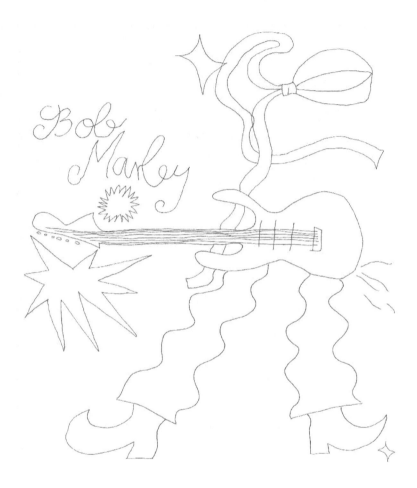

Wir wissen nicht, was ein Australopithecus gesehen hat, der sich in einer Wasserstelle sah. Da sich aber die Menschenaffenarten heute im Spiegel selbst erkennen, spricht alles dafür, dass auch er sich selbst erkannt hat. Damit begann der Teil unserer Entwicklungsgeschichte, der in den vorangegangenen Kapiteln dargestellt wurde. Die Menschheit expandierte auf dieser Welt in einem Maße, dass man heute vom Zeitalter des Anthropozän sprechen kann. Sie schuf zudem ein unter Lebewesen so noch nicht gekanntes hocheffektives System der Wissensvermehrung und -weitergabe, mit dem sie Ideen entwickeln konnte. Die wichtigsten dieser Ideen waren der Wert des Lebens, die Liebe und die Schönheit. Aus diesen Ideen entstanden das Individuum und schließlich unsere Vorstellung von der Freiheit des Andersdenkenden. Sie ist heute unser Maßstab dafür, was richtig und falsch ist: unsere Moral.

Am vorläufigen Ende dieser Selbsterkenntnis steht also der individuelle und andersdenkende Mensch. Dieser fragt sich, wenn er morgens in den Spiegel schaut, eher selten, was ein Australopithecus oder ein Neandertaler in den Wasserstellen gesehen und erkannt haben könnten. Aber es gibt Tage, an denen wir neben uns selbst im Spiegel auch unsere Vorfahren erkennen. Der Spiegel ist heute nicht nur das Instrument unserer Selbsterkenntnis, sondern vor allem auch das Symbol unserer Relativität: Wir bekommen von unseren Mitmenschen, vorzugsweise von Kindern,

„den Spiegel vorgehalten". So werden wir gemahnt, nicht selbstverliebt in unserer vermeintlichen Einmaligkeit zu verharren. Der Spiegel wird vielmehr zum Mittel, uns unsere Beliebigkeit vorzuführen.

Im vorherigen Kapitel wurde ein wiedergeborener Gottfried Wilhelm Leibniz erfunden, der sich sofort davon überzeugen ließ, dass die Präformationslehre falsch ist. Jeder weiß, dass das eine sehr optimistische Einschätzung war. Leibniz war ein hochgebildeter und bedeutender Mann. Aber gerade solchen Menschen passiert es, dass sie Fehler, die sie gemacht haben, nicht erkennen können oder nicht zugeben wollen. Da wir Leibniz nicht persönlich kennen, nehmen wir zu seinen Gunsten an, dass er niemals so töricht gewesen wäre, gegen besseres Wissen auf seinem bisherigen Weltbild zu beharren. Aber die Erfahrung lehrt, dass die Geschichte der Menschheit voll ist von verbitterten kleinen und großen Geistern, die nicht bereit waren zu akzeptieren, dass sie im Unrecht waren oder dass sie sich geirrt hatten. Jeder von uns ist in der Lage, eine Liste solcher Persönlichkeiten oder Prominenter, insbesondere aber auch von Menschen, mit denen er zusammenlebt und -arbeitet, zusammenzustellen. Selbstkritik ist nicht weit verbreitet. Diese Liste sollte mit dem eigenen Namen beginnen.

Niemand von uns ist in seinem Leben ohne Fehler geblieben und war einsichtsvoll genug, seine Fehler immer rechtzeitig zu erkennen und einzuräumen. Plutarch schrieb in seiner Biographie über Cato den Älteren, dieser habe einmal gesagt, er habe in seinem Leben nur drei Fehler gemacht. Wenn das Zitat stimmt, dann war der vierte Fehler Catos, das über sich zu behaupten und mit dieser Aussage in die Geschichte einzugehen.

Vor Selbstüberschätzung und mangelnder Selbstkritik ist kein Mensch gefeit. Insbesondere immer dann, wenn eine neue Erkenntnis für uns unangenehm ist, kommt es vor, dass wir uns ihr verweigern. Wie jedes andere Lebewesen auch lassen wir uns von unseren Gefühlen leiten. Wenn eine neue und bessere Erkenntnis uns neue Mühen und unangenehme Erfahrungen abverlangt, dann neigen wir dazu, dem ausweichen zu wollen.

Wichtig und richtig ist es, gerade dann in den Spiegel zu schauen. Zwar ärgert man sich über das eigene Versagen, aber man sieht eben auch, dass man damit nicht allein ist. Man ist nur ein Glied einer unendlichen Kette von Vorfahren, die ebenso mindestens vier Fehler gemacht haben, vor allem den, über sich zu behaupten, man habe kaum welche gemacht.

Es liegt in unserer Natur, nach angenehmen Empfindungen zu streben und Unangenehmem aus dem Weg zu gehen. Das ist Teil unseres evolutionären Programms. Diese Programmierung hat uns zu den Wesen werden lassen, die wir heute sind und die aus dieser Welt das gemacht haben, was sie heute ist. Diese Konditionierung ist der Motor unserer Geschichte geworden. Die Frage, ob das moralisch richtig und für uns wirklich immer wünschenswert ist, können wir daher nicht stellen. Wir müssen die Tatsache, dass uns unsere Gefühle leiten, zunächst einmal als gegeben akzeptieren.

Leider besteht nun aber das individuelle Leben eines Menschen nicht nur aus schönen Erlebnissen und angenehmen Gefühlen. Im Laufe der Zeit machen wir vermehrt und immer bewusster die Erfahrung, dass das Leben viele unangenehme Augenblicke für uns bereithält und dass bis zu unserem Tod auch noch weitere hinzukommen werden. Unsere Konditionierung, immer nur Angenehmes erleben und Unangenehmes vermeiden zu wollen, führt uns deswegen in ein Hamsterrad. Diese Form des Strebens nach Glück kann zum Zerrbild eines Lebensplans werden.

In den Wohlstandgesellschaften des Westens haben wir eine problematische Variante entwickelt, uns diese Ödnis des vermeintlich guten Lebens schönzureden: Wir erstellen innerlich eine Bilanz aus guten und aus schlechten Zeiten und achten sehr darauf, dass die Seite mit den angenehmen Gefühlen überwiegt. Mit etwas Glück kann das gelingen. Selbst wenn uns das Schicksal eigentlich nicht wohlgesonnen ist, können wir über den Trick der Autosuggestion dazu gelangen, unsere Gefühlsbilanz als eine im Großen und Ganzen positive zu betrachten. Letztlich kann man sich immer *einreden*, glücklich zu sein. Man kann mit diesem Taschenspielertrick durch sein Leben gehen und am Ende verfügen, dass auf der eigenen Beerdigung „My Way" von Frank Sinatra gespielt werden soll.

Das Problem ist nur: Jedes Leben kann dennoch eine solche Wendung nehmen, dass dieser Plan nicht aufgeht. Es *kann* funktionieren, aber es *muss nicht* so sein. Wenn einen dann das Schicksal wirklich hart trifft, steht da eine Lebenslüge. „For you will still be here tomorrow, but your dreams may not" ist eine bittere Wahrheit, die jeden von uns treffen kann. Daher sollten wir mit einer solchen Bilanzierung der angenehmen und der unangenehmen Gefühle vorsichtig sein und besser gar nicht erst damit anfangen.

Siddhartha Gautama – Buddha – hat für sich einen besseren Weg gefunden, diese Konditionierung zu überwinden. Er hat es geschafft, sich gar nicht mehr von seinen Gefühlen leiten zu lassen. Dafür bewundern wir ihn, auch diejenigen, die keine Buddhisten sind. Für einen einfachen Menschen, der ein Produkt unserer Evolution ist und der durch ein Leben mit Pflichten, Bindungen und Überraschungen jeglicher Art gehen muss, wäre eine solche Lebenshaltung eine große Leistung. Man trifft kaum jemandem, dem das gelingt, denn jeder Mensch nimmt seine Welt nun einmal gefühlsmäßig und damit impulsiv wahr.

Vielleicht macht es aber die hier gewählte Betrachtung, uns auch im Spiegel nur als ein winziges Glied der Evolution zu verstehen, einfacher, nicht zum Fälscher unserer Glücksbilanz zu werden. Hierzu sollten wir uns als das betrachten, was wir aus dem Blickwinkel der Evolutionstheorie tatsächlich sind: ein Zufallsprodukt. Jeder von uns ist durch einen so unglaublichen Zufall entstanden, dass es hierfür keine Zahl gäbe, die die Wahrscheinlichkeit unserer Geburt darstellen könnte. Wir stammen aus dem Nichts und damit stammt auch unser Schicksal aus einem Nichts,

das wir kaum beeinflussen, vor allem aber nicht vorhersehen können. Trotzdem gibt es uns und zwar allein deswegen, weil es zufällig unsere Eltern waren, die sich geliebt haben. Auch daran erin-
nern uns die Doobie Brothers: "Without love – where would you
be now?"

Wenn es uns gut geht und wir glücklich sind, haben wir *zufällig*
Glück gehabt; wenn uns das Schicksal übel mitspielt, hatten wir
zufällig Pech. Dann ist unsere Glücksbilanz negativ, aber das haben dann die Zufälle des Lebens so gewollt. Wir sollten lernen zu
erkennen, dass wir als Teil der Evolution die Evolution nicht verändern können.

Deshalb sollten wir uns gerade dann, wenn es uns gut geht, wir
glücklich sind und ohne Autosuggestion eine positive Glücksbilanz haben, viel weniger wichtig nehmen. Sich weniger wichtig zu
nehmen ist zu jeder Zeit ein Gebot der Fairness gegenüber unseren
Mitmenschen und diesem Planeten. Auf seiner Beerdigung sollte
man Bert Kaempferts „Dankeschön" spielen lassen, zum Dank dafür, dass man vom Zufall bedacht wurde, eine Zeitlang ein Mensch

auf dieser Erde gewesen sein zu dürfen, dem es noch dazu im Großen und Ganzen gut gegangen ist. Kaempfert wollte auch immer nur „Musik machen, die nicht stört".

Ebenso ist es mit unseren Erkenntnissen und Überzeugungen. Auch diese sind überaus relativ, wie schon im dritten Kapitel gezeigt wurde. Deswegen machen uns weder ein großes Wissen noch standhaft vertretene Überzeugungen zu irgendwie besseren oder wichtigeren Menschen. Wenn Leibniz nach seiner hier erdachten Wiedergeburt die Präformationslehre weiter vertreten würde, wäre er lächerlich.

Im Spiegel sahen wir uns früher als das Individuum, das darum kämpft, glücklich zu werden. Heute, nachdem uns Charles Darwin erklären konnte, wie wir vor diesen Spiegel gekommen sind, sehen wir dort aber auch ein Zufallsprodukt, das nur ein ganz unwesentlicher Teil der Erdgeschichte ist. Wir sind als Individuen viel weniger wichtig, als wir meinen. Zwar wurde in den vorangegangenen Kapiteln dargestellt, dass jeder von uns als andersdenkendes Individuum der *Ausgangspunkt* jeglicher Moral ist. Aber daraus folgt gerade nicht, dass irgendeiner von uns der *Pil* der Moral oder ein sonst wie gearteter Mittelpunkt wäre. Wir taugen allenfalls als ein prinzipieller Maßstab, um uns selbst sagen zu können, was richtig und was falsch ist, mehr aber auch nicht. So gesehen sind wir austauschbar: „Cause you're so special, just like anybody else".

Daneben stehen wir in einem Geflecht familiärer und freundschaftlicher Beziehungen, die uns stabilisieren, die uns und denjenigen, denen wir wichtig sind, Halt geben. Insofern steht jeder von uns schon in einem Mittelpunkt und sollte auch alles dafür tun, dass das so bleibt. Aber der Umstand, dass wir selbstverständlich von anderen – manche von uns sogar von vielen oder sehr vielen – Menschen ernst und wichtig genommen werden, ist immer noch kein Grund dafür, *uns selbst* wichtig zu nehmen.

Wenn wir mit einer Bob-Marley-Tätowierung aus einem Tattoo-Studio kommen, uns dann aber jemand sagt, dass es sich um Jimi Hendrix handelt, unter dessen Porträt lediglich „Bob Marley" geschrieben wurde, dann stellt sich uns die Frage nach richtig und falsch: War es wirklich der Tätowierer, der den Fehler gemacht hat? Oder derjenige, der uns gesagt hat, dass das Tattoo falsch ist? War es Bob Marley, weil er nicht aussah wie Jimi Hendrix? War es Jimi Hendrix, weil er eine gewisse Ähnlichkeit mit Bob Marley hat? War es eine falsche Tattoo-Vorlage, die an allem schuld war?

Wenn wir am nächsten Tag in den Spiegel schauen, dann wissen wir, wer tatsächlich verantwortlich war: Es war derjenige, der beschlossen hat, sich dieses Tattoo in diesem Tattoo-Studio stechen zu lassen.

9. Was ist richtig?

Was moralisch richtig ist, kann dieses Buch nicht sagen. Schon im dritten Kapitel ist aufgezeigt worden, dass Um- und Irrwege die normalen Wege sind, die menschliches Erkennen geht. Die Präformationslehre war eine mögliche Erklärung für die Weitergabe des menschlichen Erbguts, aber heute können wir sicher sagen, dass sie falsch ist. Den Piltdown-Menschen hat es nie gegeben, auch wenn er als Schimäre lange Zeit durch die noch junge Wissenschaft von der Entwicklungsgeschichte des Menschen geisterte. Die kommenden Generationen werden herausfinden, was wir während unserer Lebenszeit alles falsch verstanden haben, auf welche Fälschungen wir hereingefallen sind und welchen lächerlichen Irrtümern wir angehangen haben.

Die Möglichkeit des großen Irrtums und der falschen Entscheidung ist Bestandteil jeden Erkennens: Möglicherweise ist die Evolutionstheorie falsch, es ist auch möglich, dass die Demokratie ein falsches politisches Konzept ist, und es ist sogar möglich, dass die Erde doch der Mittelpunkt des Weltalls ist. Möglich ist auch, dass wir alternative Tatsachen nicht berücksichtigt haben: Der Rückgang der Sterblichkeit in den letzten 150 Jahren hat vielleicht gar nichts mit der Entdeckung und Entwicklung der Mikrobiologie, verbesserter Hygiene oder gut organisierten Schutzimpfungen zu tun, sondern damit, dass sich die Erde in den letzten 150 Jahren in einer ganz besonderen astrologischen Konstellation befand.

Entscheidend ist zunächst einmal, dass alle richtigen Antworten, die eines Tages auf die Irrtümer unserer Generation von unseren Kindern, Enkeln und Urenkeln gegeben werden, auch keine richtigen Antworten sein werden. „Was ist richtig?", so die Überschrift dieses Kapitels, ist eine Frage, die der Mensch nicht abschließend beantworten kann, denn viele Erkenntnisgewinne unserer Enkel werden von deren Enkeln widerlegt werden.

Trotzdem ist eine Antwort auf die Frage möglich. Sie muss nur anders gestellt werden und zwar so: Was ist *heute* richtig? Denn *heute* ist es so, dass die Präformationslehre und das geozentrische Weltbild überholt sind, und es ist auch ganz sicher, dass sie sich in der Form, in der sie früher einmal unser Denken und Handeln geprägt haben, nie wieder als richtig erweisen werden. Ganz sicher wird der Piltdown-Mensch auch nie mehr als eine Vormenschenart angesehen werden.

Die lawinenartige Revolution des menschlichen Erkennens, die vor allem durch Darwins Evolutionstheorie ausgelöst wurde, indiziert, dass vieles von dem, was wir heute als richtig erkennen, auch tatsächlich richtig ist. Es spricht derzeit alles dafür, dass die Erde älter als 6.500 Jahre ist, sich in 24 Stunden einmal dreht und innerhalb eines Jahres die Sonne umrundet. Die Annahmen, die Erde sei nur 6.500 Jahre alt, die Sonne kreise um die Erde, die Dinosaurier habe es nicht gegeben und der Mensch und die Affen hätten keine gemeinsamen Vorfahren, sind widerlegt. Sie werden sich niemals, auch in ferner Zukunft nicht, als nachträglich richtig herausstellen.

Man kann natürlich heute noch behaupten, dass es sich bei dem Mitte August 1856 im Neandertal gefundenen Fossil um die Gebeine eines mongolischen Kosaken handele, der im Armeekorps von Tschernischeff diente und 1814 dort gestorben sei. Aber selbstverständlich ist nur die Aussage, das Fossil aus dem Neandertal stamme von einem Neandertaler, *richtig.*

Die Wissenschaft kennt die richtige und die falsche Aussage. Sie lebt zwar davon, ständig die bisher als richtig wahrgenommenen Tatsachen infrage zu stellen und möglicherweise auch erfolgreich zu widerlegen. Aber sie erzielt dabei trotzdem neue Erkenntnis, denn die fundierte wissenschaftliche Widerlegung führt dazu, das Widerlegte als endgültig falsch, als *nie wieder richtig*, abzuhaken. Aus den Knochen des Neandertalers wird man auch in Zukunft noch viele Erkenntnisse gewinnen. Aber man darf trotzdem für immer ausschließen, dass die Wissenschaft eines Tages zu dem Ergebnis kommt, der Neandertaler sei ein mongolischer Kosak (oder gar der Piltdown-Mensch) gewesen.

Es kann sein, dass Grönland zur Zeit seiner Besiedlung durch Erik den Roten wegen einer mittelalterlichen Warmzeit wirklich grün war. Der Name „Grönland" kann aber auch ein werbewirksamer Euphemismus des dorthin in die Verbannung Geschickten gewesen sein, mit dem mehr Anhänger gelockt werden sollten. Die Wissenschaft wird uns hierauf wahrscheinlich bald die richtige Antwort geben. Bis wir sie haben, wissen wir es nicht.

Die Wissenschaft gewinnt im Laufe der Zeit durch die Widerlegung alter Erkenntnisse neue Erkenntnisse. Aber *neue* Erkenntnisse sind etwas völlig anderes als *alternative* Erkenntnisse. Es kann keine gesicherten wissenschaftlichen Erkenntnisse geben, die einander ausschließen: Das Fossil aus dem Neandertal kann niemals der Neandertaler und alternativ dazu auch noch ein mongolischer Kosak sein.

Das Infragestellen ist der Treibstoff der Wissenschaft, ohne den sie nicht funktionieren würde. Genau damit, also ausgerechnet mit dem, was sie im Innersten zusammenhält, macht sie sich wieder angreifbar. Ein Beispiel dafür, wie das Infragestellen von richtiger neuer Erkenntnis missbraucht wird, um die erfolgreiche Widerlegung einer veralteten Erkenntnis wieder infrage zu stellen, sind Verschwörungstheorien. Sie zeigen uns, wie man eine Behauptung gegen „richtig" und „falsch" immunisiert. An Verschwörungen kann man glauben. Aber wenn es für sie keine oder nur unglaubwürdige Anhaltspunkte gibt, sollte man sie hinterfragen. Genau dieses wissenschaftliche Prinzip wird aber den Verschwörungstheoretiker in seiner Überzeugung nur bestärken. Für ihn ist die Tatsache, dass es viele gute Gründe gegen seine Verschwörungstheorie gibt, lediglich ein Beweis dafür, wie gut organisiert die Verschwörung ist.

Solchen immunisierten Diskussionen begegnen wir tagtäglich. Gerne behauptet wird, dass „die Presse lügt". Das ist auch richtig, denn es wird ja immer wieder aufgedeckt, dass die Presse gelogen hat. Das Problem ist nur, dass wir auch diese Information aus der Presse haben. Lügt also die Presse, von der wir glauben, dass sie lügt, oder die Presse, die aufgedeckt hat, dass die Presse gelogen hat? Wenn wir ehrlich sind, wissen wir es nicht. Wir wissen nur, dass wir bei unterschiedlichen Anlässen aus guten Gründen der Presse geglaubt haben und damit richtig lagen. Also sollten wir mit solchen Stereotypen vorsichtig sein. Immunisierte Argumentation ist gefährlich. Sie funktioniert so, dass wir mit alternativen Erkenntnissen so lange malträtiert werden, bis wir neue Erkenntnisse nur deswegen bezweifeln, weil es für unser Ego leichter und erträglicher ist, *irgendeinen* Bullshit zu glauben, als uns einzugestehen, etwas nicht genau zu wissen.

Gerne wird behauptet, Impfungen seien nutzlos und dienten lediglich dem Zweck, die Pharmaindustrie reich zu machen. Der Beweis hierfür sei, dass die Pharmaindustrie ja auch die ganzen Studien bezahle, die nötig sind, um die Zulassung für einen neuen Impfstoff zu bekommen. Dass das kein kohärenter Schluss ist, ist dabei nicht so wichtig. Zumindest hat man mit dieser These die eigene Argumentation immunisiert – den eigenen Körper allerdings nicht.

Der Wunsch, irgendein Argument zu haben, um neue wissenschaftliche Erkenntnisse anzuzweifeln, hat inzwischen dazu geführt, dass die Frage, warum Grönland so heißt, heute nicht mehr nur ein Forschungsgegenstand ist, sondern inzwischen als „Beweis" dafür dienen soll, dass es keinen menschengemachten Klimawandel gibt.

Es gibt keinen einzigen stichhaltigen Beweis für die Existenz einer Päpstin im Jahr 855. Der (protestantische) Kirchenhistoriker David Blondel hat das schon 1657 überzeugend dargestellt. Leibniz und viele andere Historiker sind zu dem gleichen Ergebnis gekommen. Aber trotzdem wollen heutzutage wieder viele, dass es eine Päpstin gegeben hat. Auch die Mondlandung am 21. Juli 1969 und die weiteren Landungen darf es nicht gegeben haben. Aber ein Mensch, der wissen will, was richtig ist, sollte sich am Ende entscheiden. Die Päpstin und die Mondlandungen kann es nicht alternativ geben, es gab sie oder es gab sie nicht.

Natürlich kann man sich damit interessant machen, zu „beweisen", dass es eine Päpstin und keine Mondlandung gab. Als „Beweis" hierfür kann man die „wehende" Fahne anführen, die von den Astronauten dort aufgestellt wurde – denn auf einem Planeten ohne Atmosphäre gibt es kein Wetter, dort kann also auch keine Fahne wehen. (Die Fahne der ersten Mondlandung „wehte", weil sie von einer Stange, die rechtwinklig zum Mast angebracht war, gehalten wurde. Diese Stange war versehentlich kürzer als der Stoff der Flagge, sodass sich diese wellte. Weil das spektakulär aussah, blieb es auch bei den späteren Missionen so.)

Als Antworten auf wichtige Fragen sind alternative Erkenntnisse aber keine gute Entscheidungsgrundlage: Wenn man das eigene Kind schon nicht gegen Wundstarrkrampf oder Kinderlähmung impfen ließ, weil man die Pharmaindustrie nicht reich machen wollte, sollte man spätestens bei einer eindeutigen Gefahrenlage der Simultanimpfung zustimmen. Denn die Alternative wäre ein nicht immunisiertes Kind, das nur deswegen sterben wird, weil man in seinem Denken alternative Tatsachen zugelassen hat – was auch für das eigene Erbgut nicht sinnvoll ist.

Davon zu unterscheiden ist das Interpretieren neu gewonnener Daten in der modernen Wissenschaft. Die Knochen aus dem Neandertal waren zunächst auch nur Daten, die von manchen als eine ausgestorbene Menschenart, von anderen als mongolischer Kosak gedeutet wurden. Die zweite Hypothese wurde schnell als falsch erkannt und wird nie wieder richtig werden.

Genau an diesem Punkt ist anzusetzen. Die Entscheidung darüber, was *heute* richtig ist, kann ich auf die Tatsachen stützen, die deswegen richtig sind, weil vorangegangene Erklärungsmodelle hierzu *nachgewiesen falsch* sind. Heute richtige Tatsachen sind, dass sich die Sonne nicht um die Erde dreht und dass der Mensch tatsächlich ein Produkt der Evolution ist, dass also Australopithecus und Homo Erectus seine Vorfahren sind. Sicher ist auch, dass sich kein Mensch in Form eines „Homunculus" unverändert an die nächsten Generationen weitergibt, sondern dass sich das Erbgut unserer Eltern durchmischt und dabei verändert. Das sind wesentliche Grundpfeiler und wichtige Prämissen der wissenschaftlichen Revolution, die vor allem durch Darwins Evolutionstheorie befördert wurde.

.

Diese Tatsachen sind richtig. Nicht richtig in dem Sinne, dass sie für immer richtig und unwiderlegbar sind, aber immerhin in dem Sinne richtig, dass sie deutlich richtiger sind als das, was wir vorher über unsere Herkunft angenommen haben. Die Frage danach, woher wir denn nun stammen, können wir heute wesentlich *richtiger* beantworten als noch vor 200 Jahren. Damit können wir auch die Frage danach, was richtig und was falsch ist, besser – genauer – beantworten als vor Darwins Entdeckung. Wie sehr das

Erkennen von richtig und falsch in der Wissenschaft auch unsere Moral beeinflusst hat, wissen wir inzwischen. Es zeigt sich schon daran, dass die von der Wissenschaft als richtig erkannten Aussagen diejenigen sind, die immer dann als Erstes angegriffen werden, wenn etwas moralisch Fragwürdiges gemacht oder etwas Unmoralisches entschuldigt werden soll.

Man kann, auch wenn man nicht an die Evolutionstheorie glaubt und Wissenschaft sehr kritisch sieht, ein hochmoralischer und richtig handelnder Mensch sein. Aber das ist kein Beweis dafür, dass es keinen Gleichklang zwischen Wissenschaft und Moral gibt. Entscheidend ist vielmehr, dass derjenige, der etwas Unmoralisches tut, beispielsweise Kulturgüter zerstört oder Menschen in Rassen aufteilt, das nur rechtfertigen kann, indem er sich gegen die anderslautenden und wissenschaftlich begründeten Rechtssätze hierzu stellt.

Wir können heute wissenschaftlich feststellen, was im Laufe der Erdgeschichte aus der Menschheit geworden ist, und wir können im Rahmen historischer Forschung auch ermitteln, welche Vorstellungen von richtig und falsch – welche Moral – sich im

Verlauf unserer Geschichte besser durchsetzen konnten und welche nicht.

Daraus folgt zwar nicht, dass die Moralvorstellungen, die sich heute auf dieser Welt durchsetzen oder durchgesetzt haben, tatsächlich richtig sind. Aber sie haben sich gegenüber Moralvorstellungen durchsetzen können, die heute von der Menschheit abgelehnt werden und daher mehr und mehr verschwinden oder schon verschwunden sind. Ihr Verschwinden ist, anders als ein Widerlegen eines überkommenen Weltbildes, zwar kein wissenschaftlicher Beweis dafür, dass sie tatsächlich falsch waren. Aber ihr Verschwinden indiziert, dass solche Moralvorstellungen, ähnlich wie die widerlegten Erklärungsmodelle für diese Welt, nicht wiederkommen werden. Sklaverei, Rassentrennung, die Züchtung von Menschen, das Ausschließen von Frauen aus dem gesellschaftlichen Leben oder staatliche Herrschaft ohne Legitimation durch das beherrschte Volk sind Vorstellungen, die zu Beginn der bisherigen Geschichte der Menschheit als normal angesehen wurden, sogar als „richtig" galten. Aber sie wurden im Laufe der Geschichte immer kritischer gesehen und sie sind immer mehr hinterfragt worden – sie verschwinden. Beispielsweise hat es sich in der Neuzeit durchgesetzt, dass selbst in Diktaturen „Wahlen" durchgeführt werden, um zumindest den Anschein einer Legitimation durch die Beherrschten zu erzeugen. Die Menschen empfinden es immer mehr als unmoralisch, dass der Steuern zahlende oder Wehrdienst leistende Staatsbürger nicht selbst entscheiden darf, wer über ihn herrscht. Ähnlich ist es bei der Emanzipation der Frau oder dem zunehmenden Verständnis dafür, dass wir nur einen Planeten haben, den wir gemeinsam bewohnen. Weltweit koordinierte Hilfe bei Naturkatastrophen oder Entwicklungshilfe auf anderen Kontinenten empfinden wir deswegen als moralisch richtig und geboten. Es ist noch gar nicht lange her, dass eine solche Haltung selbstverständlich wurde.

Natürlich kennt die Menschheitsgeschichte, gerade auch des 20. Jahrhunderts, Rückfälle in zutiefst unmoralische Episoden. Aber schon die Wahrnehmung dieser Barbareien durch die Völkergemeinschaft als solche und das entschlossene Bekämpfen dieser Entwicklungen zeigt, dass wir heute ein anderes Verständnis von richtig und falsch haben. Vor allem hat die überwiegende Mehrheit von uns den Wunsch, sich so zu entwickeln, dass so etwas nicht wieder vorkommt.

In der hier vorgenommenen Rückschau auf die Erdgeschichte und die Entwicklungsgeschichte des Menschen sollten wir nicht übersehen, dass uns auch der religiöse Glaube weit vorangebracht hat. Die Mehrheit der Weltbevölkerung ist gläubig und hat in ihrer Geschichte religiöse Vorstellungen entwickelt und praktiziert. Aus vielen Göttern wurde in den meisten Weltteilen und Kulturen ein Gott oder ein Glaube. Diese bitten uns täglich, die Liebe, die die Menschen im Glauben und in ihren Glaubensgemeinschaften miteinander verbindet, zu leben. Die Zusammengehörigkeit stabilisiert die menschlichen Gemeinschaften und zwischenmenschlichen Beziehungen, fördert die wechselseitige Fürsorge und setzt tagtäglich Zeichen der Liebe, gegenüber der Menschheit und gegenüber der Schöpfung. Ein friedlich gelebter Glaube stabilisiert auf diese Weise die Moral in den einzelnen Gesellschaften, hält sie zusammen, wird von den Menschen als richtig empfunden und macht sie glücklich.

Das entkräftet zwar nicht die althergebrachten Argumente, die gegen kirchlich institutionalisierten Glauben vorgebracht werden – zum Beispiel die Hinweise auf Kreuzzüge, Hexenverbrennungen und Kindesmisshandlungen bei der katholischen Kirche. Aber auch der „Kirchenkritiker" muss sich der Gesamtschau stellen: Die

Weltkirchen haben über die Jahrtausende immer sehr vorsichtig versucht, die Moral zu erhalten und weiterzuentwickeln, und haben sich gerade deswegen durch die Jahrtausende halten können. Sie haben Unmoralisches wie beispielsweise Hexenverbrennungen zunächst begangen, aber solche Fehlentscheidungen auch immer wieder zurückgenommen, sie verboten und sich dafür entschuldigt. Der Atheismus hat und hatte ähnliche Probleme. Insbesondere hat er die Tendenz, viel radikaler zu sein. Hitler, Stalin und Mao waren Atheisten und sind sicher kein Beweis dafür, dass eine Welt ohne Glauben irgendwie besser werden würde.

Aus der Gesamtbetrachtung der Entwicklungsgeschichte des Menschen kann man nun etwas herausschälen, das ein Kern für richtiges oder falsches Handeln ist. Der Begriff ist im Verlauf der Darstellung schon wiederholt gefallen, nämlich das *evolutionär Sinnvolle*. Es ist im Lichte der Evolution sinnvoll, biologische Grenzen zu überschreiten, der Leidenschaft nach Erkenntnis nachzugeben und den Ideen der Liebe und der Schönheit zu folgen. Es ist gut und richtig, sich so zu verhalten. Ausnahmefälle hierzu lassen sich konstruieren, liegen teilweise sogar ganz offen auf der Hand. Aber sie bleiben gleichwohl die Ausnahme, die die Regel bestätigen: Die Überbevölkerung und die Umweltzerstörung im

Zeitalter des Anthropozän haben jetzt schon zu der Einsicht geführt, dass der Expansionsdrang des Menschen nicht mehr wirklich evolutionär sinnvoll ist. Hier ist eine widersprüchliche Spannung entstanden, die wir möglichst schnell lösen sollten. Die Expansion sowohl in neue Lebensräume als auch in der Population sind Vorgaben der Evolution, die wir überaus erfolgreich umgesetzt haben. Dieser Erfolg wird immer mehr zur Gefahr. Wir waren bei der Umsetzung einfach „zu gut".

Wenn wir künftig über Moral, über richtig und falsch, diskutieren, dann ist das evolutionär Sinnvolle für uns ein guter Ausgangspunkt. Zwangsehen und Rassentrennung widersprechen den Regeln der Evolution und deswegen empfinden wir sie als unmoralisch. Selbstverständlich können wir mithilfe der Evolutionstheorie nicht den richtigen Steuersatz für die Einkommensteuer bestimmen. Aber man kann zumindest darüber diskutieren, ob sich aus der Tatsache, dass die Freiheit des Andersdenkenden immer Vorrang genießt, nicht rechtfertigen lässt, ein Steuersystem mit Einkommensteuerprogression zu haben, also ein Steuersystem, in dem höhere Einkommen auch höher besteuert werden.

Genauso, wie es dem Einzelnen helfen kann, sich im Spiegel als Staubkorn der Geschichte zu betrachten und sich deswegen weniger wichtig zu nehmen, kann es unseren Gesellschaften helfen, die tagtäglichen Fragen nach richtig und falsch auch immer aus der Perspektive des evolutionär Sinnvollen zu betrachten und unsere einzelnen Entscheidungen hieran zu überprüfen. So manches Kulturdenkmal, das wir heute sehr vermissen oder aber wiederaufbauen, wäre gar nicht erst zerstört worden; und der Dodo würde heute noch mehr Touristen nach Mauritius locken, als ohnehin schon kommen.

Für die Beantwortung vieler Fragen wäre es demnach nützlich, zu überlegen, wie das Problem im Laufe der Evolution entstanden ist und welche Lösung im Lichte der Evolution sinnvoll sein dürfte. Diese Fragestellungen knüpfen an die einfachen Prinzipien unseres Erfahrungswissens, an wissenschaftliche Erkenntnis an. Das vereinfacht die Diskussion.

Wenn also über die Einführung eines Frauenwahlrechts diskutiert wird, dürfte der Aspekt entscheidend sein, dass es evolutionär sinnvoll ist, alle Mitglieder einer Gesellschaft auch darüber mitbestimmen zu lassen, wie es mit dieser weitergeht. Man kann dazu auch andere Meinungen haben, aber diese Ansichten befinden sich auf dem Rückzug. Das zeigt, dass sie nicht überzeugen.

10. Zwei offene Fragen

LEMMINGE

Der wesentliche Einwand dagegen, dass das evolutionär Sinnvolle ein zweckmäßiges Kriterium dafür ist, richtiges von
falschem Verhalten zu unterscheiden, liegt auf der Hand: Wenn

die Geschichte den Menschen tatsächlich zu einem moralisch handelnden Wesen gemacht haben sollte, wieso gibt es dann heute noch überall auf der Welt Völkermord, Mord, Vergewaltigung, Kindesmisshandlung, Sodomie, Raub und Diebstahl? Wieso hat die Evolution des Menschen nicht schon längst dafür gesorgt, dass ein solches Verhalten ausgestorben ist?

Diese Fragen sind berechtigt. Sie unterstellen dem hier entwickelten Ansatz die Annahme, der Geschichte wohne eine höhere Vernunft inne, die dafür sorgt, dass der Mensch im Laufe seiner evolutionären Entwicklung zu einem moralisch immer höherwertigen Wesen werde. Das ist aber mit der Aussage im vorangegangenen Kapitel, dass wir unsere Moral am evolutionär Sinnvollen überprüfen können, gar nicht gemeint – denn selbstverständlich verschafft uns eine evolutionäre Entwicklung keine Ersatzmoral.

Indem wir unsere Entwicklungsgeschichte betrachten, können wir uns den gegenwärtigen Zustand unserer Welt erklären und begreifen, wie es dazu gekommen ist. Wir erfahren damit etwas über unser Dasein auf diesem Planeten. Daraus können wir aber nicht schlussfolgern, welches Verhalten von uns nun richtig und welches falsch ist. Aus einem Sein kann kein Sollen gefolgert werden, aus der Tatsache, dass etwas so ist, wie es ist, lässt sich nicht herleiten, dass es auch so sein soll. Eine solche Herleitung wäre falsch, ein sogenannter naturalistischer Fehlschluss.

In den vorangegangenen Kapiteln ist lediglich beschrieben worden, welche speziellen Entwicklungen in der Geschichte des Menschen dazu geführt haben, dass wir heute sehr konkrete Vorstellungen von falsch und richtig besitzen, und wie diese Vorstellungen innerhalb der Menschheit immer mehr Geltung bekommen haben. Es handelte sich aber nur um eine Beschreibung. Deren Ergebnis wurde im vorherigen Kapitel dargestellt. Demnach heißt der Mindeststandard für moralisch richtiges Verhalten: Ein Verhalten ist immer dann richtig, wenn es auch im Lichte der Evolution sinnvoll ist.

Hieraus ergeben sich zwei Fragen, die schwierig zu beantworten sind.

Die erste Frage lautet, ob es „evolutionär sinnvolles" Verhalten geben kann, das wir trotzdem als unmoralisch empfinden? Das ist das Lemming-Problem. Lemminge sollen sich, so wurde es uns

1958 im Disney-Film „Weiße Wildnis" falsch erzählt, in großer Zahl über Felsenklippen in den Tod stürzen, um schädliche Überpopulationen ihrer Art zu beenden. Für die Moral des Menschen ließe sich analog hierzu die Frage formulieren, ob es „evolutionär sinnvoll" sein kann, Menschen im Interesse der Evolution des Menschen zu opfern? Wird die Frage in solcher Grundsätzlichkeit gestellt, fällt unsere Antwort heute eindeutig aus. Aber wie verhält es sich, wenn man sie weniger absolut formuliert? Darf man es gutheißen, dass viele Menschen an Krankheiten wie Aids oder in Kriegen oder bei Naturkatastrophen sterben?

An dieser Stelle wird es notwendig, eine begriffliche Unterscheidung einzuführen. Denn aus „evolutionär sinnvoll" wird beim Lemming-Problem ein doppeldeutiger Begriff. Aus ihm wird einmal „für den Einzelnen" sinnvoll und andererseits „für die Menschheit" evolutionär sinnvoll. Er soll aber der Mindeststandard für eine universelle Moral sein. „Evolutionär sinnvoll" ist ein Verhalten oder ein Urteil über richtig oder falsch also nur, wenn es für das Individuum und zugleich für die gesamte Menschheit evolutionär sinnvoll ist. Da ein einzelner Mensch, der moralisch handeln möchte, immer die Freiheit des Andersdenkenden zu beachten und zu wahren hat, kann er niemals entscheiden, was der Andersdenkende zu tun oder zu lassen hat. Im Zweifelsfall ist es immer das betroffene Individuum, dem wir helfen und das wir mit seinem Schicksal nicht allein lassen. Deswegen versorgen wir Aidskranke, helfen bei Naturkatastrophen oder versuchen, Kriege zu beenden. Bei der Frage nach dem evolutionär Sinnvollen hat also das individuelle Schicksal immer Vorrang. Spätestens unser Umgang mit dem Coronavirus belegt das.

Um es mit dem Beispiel des Lemming-Problems auszudrücken: Wenn sich die Lemminge nicht darauf einigen können, wer genau von ihnen über die Klippen springt, kommt es eben zur Überbevölkerung. Bei uns Menschen ist das so und das nennen wir „Anthropozän".

Wichtig ist es aber, das Verhalten der Lemminge relativ zu betrachten – nicht zuletzt deswegen, weil das, was wir seit 1958 über sie glauben, nicht stimmt. Wir unterstellen ihnen eine höhere Vernunft, weil sie sich über die Klippen stürzen, und vermuten, dass sie dabei etwas machen, was für die Evolution ihrer Art sinnvoll sein könnte. Wir wissen aber nicht, ob das der wirkliche Grund ist, denn wir können die Lemminge ja nicht danach fragen. Deswegen müssen wir mit der Verwendung von „für die Menschheit evolutionär sinnvoll" grundsätzlich sehr vorsichtig sein. Wir wissen ja noch nicht einmal, ob die Lemminge deswegen kollektiven Selbstmord begehen, weil sie glauben, dass es für ihre Evolution sinnvoll ist. Somit ist es erst recht töricht, die Behauptung aufzustellen, dass kollektiver Selbstmord für die Evolution des Menschen sinnvoll wäre. Das Einzige, was wir derzeit wirklich dazu sagen können, ist, dass es für das Erbgut des springenden Lemmings evolutionär nicht sinnvoll ist zu springen.

Die zweite Frage ist die nach dem falschen Verhalten. Wieso kennen wir moralisch falsches Verhalten, das im Laufe der Evolution nicht verschwunden ist und wohl auch nie aussterben wird? Die eingangs gewählte Auswahl der Delikte, die wir als unmoralisch empfinden, mag irritiert haben, hat aber einen Sinn. Mord und Völkermord sind die Archetypen des Verbrechens. Sie werden von keiner Gesellschaft und keiner Völkergemeinschaft geduldet. Die nächste Gruppe, Vergewaltigung, Kindesmisshandlung und Sodomie, sind die Sexualdelikte, die den Grundsatz der Freiwilligkeit bei sexuellen Handlungen verletzen. Deswegen sind auch sie universell. Raub und Diebstahl sind nur in Rechtsordnungen strafbar, die individuelles Eigentum kennen – was inzwischen auf praktisch alle Gesellschaften dieser Welt zutrifft. Sie stehen stellvertretend für die jeweils weiteren Delikte, die in Gesellschaften mit einer festgelegten Rechtsordnung aus guten Gründen strafbar sind, beispielsweise Majestätsbeleidigung in Monarchien oder Wahlfälschung in Demokratien.

Solche nicht zu rechtfertigenden unmoralischen Handlungen gibt es, sie sind Bestandteil unseres Lebens und wir müssen mit ihnen leben. Auch sie erklären sich aus den Prinzipien der Evolution. Denn ihre Triebfeder ist und bleibt das Recht des Stärkeren.

Man muss dabei allerdings beachten, dass die deutsche Übersetzung „des Stärkeren" das, was Darwin meinte, nicht genau und nicht besonders gut wiedergibt. Darwin überschrieb sein Kapitel über die natürliche Auslese seit der fünften Auflage ergänzend mit „or The Survival of the Fittest". Zwischen „stark" und „fit" gibt es einen Unterschied, der uns heute geläufiger ist als den Deutschen zu Darwins Zeiten: Es muss nicht der körperlich Kräftigere sein, der im Wettlauf der Evolution erfolgreicher ist. Genauso kann es der Gewitztere, die Schönere, der Reichere, der Schnellere oder die Klügere, die zum richtigen Zeitpunkt nachgibt, sein.

Der oder die „Fittere" setzen sich im Laufe ihres Lebens besser durch, andere haben folgerichtig das Nachsehen. Dieses Nachsehen wird von manchen Individuen mit unmoralischem Verhalten kompensiert. Wenn das geschieht, und es geschieht tagtäglich, dann haben die Regeln der Evolution den einzelnen Menschen gerade nicht zu einem moralisch handelnden Wesen gemacht, sondern haben ihn getäuscht. Er hat sich nämlich in einer bestimmten Situation ausgerechnet, dass er mit unmoralischem Handeln für sich mehr erreicht. Wenn er dabei nicht erwischt wird, ist diese Rechnung aufgegangen: „It's not the crime, and it's not the thought, it's not the deed – it's if you get caught."

Die Evolution folgt somit nur dem ihr immanenten Prinzip, dass der Fittere besser vorankommt. Daraus ergibt sich eben auch, dass viele der weniger Fitten ihre Defizite mit Unmoral kompensieren. Wenn diese für sich beschließen, dass es ihrem Vorankommen mehr dient, sich in einer Situation unmoralisch zu verhalten, dann erfüllen sie das Prinzip, dass der Fittere besser vorankommt, letztlich genauso - nur eben mit umgedrehten Vorzeichen. Aber sie bestätigen das Prinzip.

Entscheidend sind hierbei die Abstufungen: Diejenigen von uns, die kein Parkticket lösen oder die zulässige Geschwindigkeit überschreiten, begehen kein Kapitalverbrechen. Es gibt einige unter uns, die selbst das unterlassen, aber es gibt auch sehr viele, die bereit sind, „Risiken" wie Falschparken oder Geschwindigkeitsübertretungen einzugehen. In ihrer Wahrnehmung schaden sie ja „gefühlt" nur einer überaus abstrakten Rechtsordnung oder eben sich selbst – dann, wenn sie erwischt werden.

Die nächste Abstufung ist die, bei der schon eine deutliche Mehrheit von uns Hemmungen bekommt und es sich noch einmal anders überlegt: Sobald wir nämlich nicht mehr irgendeine abstrakte Regel unseres Zusammenlebens verletzen, sondern einem Mitmenschen unmittelbar Schaden zufügen und ihn so behandeln, wie wir selber nicht behandelt werden möchten. Nur wenige von uns sind bereit, diese Schwelle ohne guten Grund zu überschreiten.

Bei Mord, bei den Sexualdelikten und bei vergleichbaren Kapitalverbrechen ist jede Grenze überschritten. Die ganz überwiegende Mehrheit der Menschen macht so etwas nicht. Die, die es machen, haben das Überleben des Stärkeren als das Prinzip der Evolution in einer Form ausgelebt, die sie mit ihrer Tat zugleich aus unseren Gesellschaften ausschließt. Ihnen drohen hohe Strafen und soziale Ächtung.

Das Prinzip, dass der Stärkere (beziehungsweise Fittere) sich durchsetzt, ist also ein relatives und universelles Prinzip, das für das evolutionäre Fortschreiten der Menschheit sorgt. Es treibt die Evolution insgesamt voran, befördert aber ebenso die Hoffnung, nicht erwischt zu werden und damit die Unmoral. Die Menschheit hat ihre Vorstellungen von richtig und falsch im Laufe ihrer Geschichte ziemlich verfeinert. Genau das ist in diesem Buch beschrieben worden. Für uns ist es inzwischen selbstverständlich, dass niemand sein Zurückbleiben im Kampf um ein besseres Leben damit kompensieren darf, Mitmenschen umzubringen oder andere Verbrechen zu begehen.

Die bessere Durchsetzung des Fitteren ist bis heute der Motor für unsere Weiterentwicklung. Sie führte durch die Geschichte zu einer deutlich erkennbaren Verbesserung unseres täglichen Zusammenlebens. Aber selbstverständlich führte sie nicht dazu, dass wir mittlerweile alle moralisch einwandfrei sind. Die weit überwiegende Mehrheit von uns macht tagtäglich noch Dinge, die moralisch fragwürdig sind. Das wird auch so bleiben. Aber nur ganz wenige von uns begehen Morde oder echte Gemeinheiten. Das Prinzip, dass der Fittere im Leben besser vorankommt, führt somit nicht dazu, dass die Mehrheit von uns eines Tages ohne Makel und moralisch tadellos dasteht. Aber es hat im Laufe unserer Entwicklungsgeschichte dazu geführt, dass die Zahl derjenigen, die sich häufiger anständig verhalten wollen, größer wird und das Niveau des Anstands immer weiter gestiegen ist. Die Tatsache, dass wir bis heute keine moralische Verbesserung aller Individuen unserer Art, sondern unter vielen überwiegend guten auch weiterhin einige richtig schlechte Menschen beobachten können, widerspricht dem also gerade nicht.

Es ist wohl auch sehr unwahrscheinlich, dass wir eines Tages ein Anstandsniveau erreichen werden, von dem man sagen könnte, die Moral habe sich vollständig durchgesetzt. Unsere Evolution wird uns sicher nicht zu einem „Ende der Geschichte" führen.

Nachwort

Ausgegangen bin ich von der Überlegung, dass sich die Moral

aus der Evolution rekonstruieren lässt. Da der Mensch ein Produkt der Evolution ist, muss auch die Moral ein Ergebnis der Evolution sein.

Am Ende meines aus dieser Prämisse entwickelten Gedankengangs hierzu steht nun ein Ergebnis, das kaum etwas besagt, was man nicht selbst schon zumindest geahnt hätte. Aus 4,6 Milliarden Jahren Erdgeschichte und aus 300.000 Jahren Evolution und Geschichte des Menschen wurde lediglich herausgelesen, dass es beispielsweise sinnvoller ist, Altertümer zu erhalten und zu schützen als an Verschwörungstheorien zu glauben. Es ist moralisch besser, in seinem Sachgebiet zu forschen und so zu versuchen, den Erkenntnishorizont der Menschheit zu erweitern, als gegen die Gleichberechtigung der Frau zu kämpfen. Forschung ist nun einmal evolutionär sinnvoll, während der Widerstand gegen die evolutionär sinnvolle Gleichberechtigung eine sinnlose Energievergeudung ist.

All dies liegt für die meisten Menschen auf der Hand und mag als inhaltliches Ergebnis meiner Überlegungen zunächst enttäuschend wirken. Aber der mögliche Gewinn, den der Leser aus diesem Buch ziehen kann, liegt auch nicht in solchen oft trivialen Einzelerkenntnissen, sondern in der positiven Einsicht, dass die Evolution uns, in großen Dimensionen betrachtet, den richtigen Weg weist. Die Gesamtschau hat gezeigt, dass und wie wir im Laufe unserer Entwicklungsgeschichte Vorstellungen von richtig und falsch entwickeln konnten und warum sich das, was wir als richtig empfinden, im Großen und Ganzen durchsetzen konnte und weiter durchsetzen wird.

Natürlich wurde auch hier wieder, wie so oft im Leben, von Prämissen ausgegangen, die man in den Ergebnissen wiederfindet:

Evolution geht nicht schnell, sondern ist ein langsam voranschreitender Prozess. Die beschreibende Rekonstruktion der Moral aus den Erkenntnissen der Evolution muss das als wichtige Gegebenheit akzeptieren. Homosexualität war im Griechenland der Antike nicht strafbar, sondern hoch angesehen, blieb aber selbst im Zeitalter des Hellenismus in anderen Kulturen geächtet. Im alten Rom war sie verpönt, im Mittelalter dann strafbar. Das sind jeweils sehr lange Zeitabschnitte. Aus dem langsamen Voranschreiten der Evolution ist uns das vertraut. Wer pauschal behaupten würde, dass jede Gesellschaft, die – beispielsweise – gegenüber gleichgeschlechtlicher Sexualität noch erhebliche Vorbehalte hat, im

Lichte der Evolutionstheorie falsch liege oder gar „unmoralisch"
sei, würde verkennen, dass Charles Darwin nun einmal lang an-
dauernde Anpassungsprozesse beschrieben hat. Sinnvoll ist es daher lediglich, im Dialog mit Moralvorstellungen, die sich noch gegen eine Abschaffung der Strafbarkeit von Homosexualität stemmen, Fragen zu stellen. Man darf die Frage stellen, welche guten
Gründe denn dagegensprechen. Aus den bisherigen Erfahrungen
mit der Entwicklungsgeschichte des Menschen lässt sich ableiten,
dass es sinnlos ist, Homosexualität zu verbieten, und dass sich daher mehr Toleranz mit dieser Form der Sexualität weiter durchsetzen dürfte, zumindest nach jetzigem Kenntnisstand. Die Mehrzahl
derjenigen, die Homosexualität heute noch unter Strafe stellen
wollen, bestreitet zwar auch die Richtigkeit der Evolutionstheorie.
Aber die Kinder derjenigen, die die Evolutionstheorie leugnen,
spielen genauso mit Dinosaurierfiguren wie unsere Kinder. Das
Leugnen richtiger Erkenntnis ist sinnlos und wird deswegen im
Laufe der Zeit nachlassen. Mit neuer Erkenntnis wird sich daher
auch der Fokus jeder Diskussion über richtig oder falsch immer
neu verschieben.

Man kann das aber nicht „beschleunigen". Entwicklungsge-
schichtliche Anpassungen finden immer nur über Generationen

statt. Dass sich deswegen auch neue Erkenntnisse über richtig und falsch nur langsam durchsetzen, ist nicht überraschend.

Eine zweite Enttäuschung könnte daraus resultieren, dass eine Rekonstruktion der Moral des Menschen auf Grundlage der speziellen Evolution des Menschen sehr menschenbezogen bleibt. Wir neigen heute dazu, beispielsweise in Diskussionen um die Erderwärmung oder um eine vegetarische Lebensweise, uns als „Anwalt" für den gesamten Planeten und für sämtliche Lebewesen auf diesem zu verstehen. Auch in diesem Punkt dürfte mein Gedankengang manche Leser nicht befriedigt haben. Zwar sind die Notwendigkeit des Artenschutzes, des Klimaschutzes und der Vermeidung von Umweltzerstörung in diesem Buch angeklungen. Aber meine Argumentation war durchgängig auf den Menschen bezogen. Dementsprechend bezieht sie beispielsweise zu Fragen des Tierschutzes oder einer vegetarischen Lebensweise keine eindeutige Position. Die Evolution des Menschen hat uns nun einmal zu Allesfressern werden lassen und letzten Endes verhalten wir uns oft nicht anders als Tiere: Im Zweifelsfalle handeln wir nach dem Recht des Stärkeren. Wenn wir Krätze oder Läuse haben, ist es für uns logisch und richtig, diese Lebewesen zu töten. Wenn wir die Möglichkeit hätten, diese Arten völlig auszulöschen, dann würden wir das machen. Beim Pandabären sehen wir das anders. Er ist für uns ein Symbol dafür geworden, dass wir uns selbst schwer schädigen, wenn immer mehr Arten von Lebewesen von diesem Planeten verschwinden.

Bei Läusen handeln wir als die Stärkeren, der Pandabär zeigt uns, dass wir so nicht immer handeln sollten. Aber eine Moral oder auch nur moralische Gebote, die uns wirklich hindern, im Zweifelsfalle vom Recht des Stärkeren Gebrauch zu machen, lassen sich aus der Entwicklungsgeschichte des Menschen nicht herleiten. Die *Evolution* des Menschen führte nach dem hier vorgelegten Gedankengang zur *Moral* des Menschen. Eine Moral, mit der wir zum Anwalt für den gesamten Planeten werden, ergibt sich daraus nicht. Für die Krätzmilbe ist das bedauerlich, für uns ist es richtig.

Kritisch fragen ließe sich auch, ob die in diesem Buch entwickelten Überlegungen überhaupt zu einer neuen und nützlichen Sicht auf die Moral führen. Wurden nicht einfach die wissenschaftliche Methode und die Erkenntnisse der Evolutionstheorie vorgeschoben, um lediglich die gängigen westlichen Moralvorstellungen zu rekonstruieren? Wurde damit nicht der universelle Anspruch, den jegliche Moral nun einmal haben sollte, unterlaufen?

Dieser Einwand ist naheliegend, aber er verliert an Gewicht, wenn man sich vor Augen hält, dass die Grundsätze moderner wissenschaftlicher Methode, wie sie insbesondere zu Darwins Evolutionstheorie geführt haben und heute der tagtägliche Standard der Wissenschaft sind, überall auf der Welt gelten. Die moderne Wissenschaft hat einen universellen Ansatz. Die wissenschaftlichen Nobelpreise bekommen diejenigen Forscher, die diesen Regeln gefolgt sind, völlig unabhängig davon, welchem Kulturkreis sie angehören oder welche Moralvorstellungen sie haben.

Wenn zu der hier aus der Evolutionstheorie rekonstruierten Moral die Empfehlung gehört, keine moralischen Postulate mehr aufzustellen, die nicht zumindest auch evolutionär sinnvoll sind, so ist damit zudem lediglich ein Mindeststandard gesetzt. Der ist nach dem hier entwickelten Verständnis deswegen universell, weil er die Unterscheidung zwischen „richtig" und „falsch" auf eine Grundlage stellt, die aus der empirischen Welt der Wissenschaft stammt.

Natürlich ist es nicht die Absicht dieses Buches, irgendjemanden zu enttäuschen. Der Plan war vielmehr der, mir selbst und möglichst vielen Menschen zu erklären, warum die Welt in einem sehr wichtigen Punkt so geworden ist, wie sie heute ist. Jeder, der dieses Buch gelesen hat, konnte seiner Leidenschaft nach Erkenntnis frönen und sich erklären, warum vieles, was er schon bisher als moralisch richtig empfand, auch tatsächlich richtig ist und woher dieses Empfinden kommt oder - zumindest - kommen könnte.

Wichtig war es mir, zu zeigen, dass das meiste, was wir machen, evolutionär sinnvoll und moralisch richtig ist: Die Ärztin, der Unternehmer, der Briefträger, die Lehrerin, der Altertumsforscher, die Juristin, der Politiker, der Computerprogrammierer, die Schauspielerin und der Koch und tatsächlich jeder andere Mensch auch, der einfach nur mit Spaß und Leidenschaft sein Leben gestaltet, handelt moralisch, da er etwas tut, das sich aus unserer Entwicklungsgeschichte erklären lässt und evolutionär sinnvoll ist. Leidenschaft und Optimismus sind für die meisten von uns eine bessere Motivation als Zweifel, Wichtigtuerei und Hass. Die Geschichte der Menschheit zeigt, dass die große Mehrheit so empfindet, dass wir nicht alleine sind. „All I wanna do is have some fun,

I got a feeling I´m not the only one", sang Sheryl Crow ganz richtig. Diejenigen von uns, die sich selbst nicht so wichtig nehmen und sich nicht gegen den wissenschaftlichen Fortschritt, die Evolution oder neue Erkenntnisse stemmen, handeln richtig und werden ein im Großen und Ganzen glückliches Leben führen. Das sind nicht die schlechtesten Aussichten.

Playlist

der Songs, die in diesem Buch erwähnt werden

1. "Always Look On The Bright Side Of Life" – Monty Python
2. "What A Wonderful World" – Louis Armstrong
3. "Long Train Running" – The Doobie Brothers
4. "I´ll Never Get Out Of This World Alive" – Hank Williams
5. „Best Of All Possible Worlds" - Kris Kristofferson
6. "Me and Bobby Mc Gee" – Kris Kristofferson
7. "My Way" – Frank Sinatra
8. "Father And Son" – Cat Stevens
9. "Danke Schoen" – Bert Kaempfert
10. "Something Special" – DePhazz
11. "It´s Not The Crime" – Tower Of Power
12. "All I Wanna Do" – Sheryl Crow

Ulrich Vietmeyer, geboren 1969 in
Bad Pyrmont.

Jura- und Philosophiestudium in Passau
und Göttingen. 2003 Promotion zum Dr.
iur. an der Universität Innsbruck. Seit
1999 Rechtsanwalt in München, seit
2002 selbständig und Partner in einer
Spezialkanzlei für Gewerblichen Rechts-
schutz.

Ulrich Vietmeyer lebt in Hamburg, ist
verheiratet und hat zwei Kinder.